任老师 说

船舶避碰与安全

任茂东 著

大连海事大学出版社
DALIAN MARITIME UNIVERSITY PRESS

图书在版编目(CIP)数据

任老师说船舶避碰与安全 / 任茂东著. — 大连：
大连海事大学出版社，2022.10
ISBN 978-7-5632-4308-2

Ⅰ.①任… Ⅱ.①任… Ⅲ.①船舶航行—避碰—文集
②海上运输—交通运输安全—文集 Ⅳ.①U675.96-53
②U698-53

中国版本图书馆CIP数据核字(2022)第186436号

大连海事大学出版社出版

地址：大连市黄浦路523号　邮编：116026　电话：0411-84729665(营销部)　84729480(总编室)
http://press.dlmu.edu.cn　E-mail:dmupress@dlmu.edu.cn

大连天骄彩色印刷有限公司印装　　　　　　　　　　　　　　大连海事大学出版社发行

2022年10月第1版　　　　　　　　　　　　　　　　　2022年10月第1次印刷
幅面尺寸：170 mm×230 mm　　　　　印张：13.5　　　　　　　　字数：211千

出版人：刘明凯

责任编辑：刘长影　　　　　　　　　　　　　　　　　　　责任校对：宋彩霞
封面设计：张爱妮　　　　　　　　　　　　　　　　　　　版式设计：张爱妮

ISBN 978-7-5632-4308-2　　　　　　　　　　　　　　　　定价：80.00元

　　2020年10月16日，北京，阴有小雨。由于阴云、小雨，再加上疫情，只好在家待着，我就开始东摸摸西瞅瞅，随手拾起一本书，没看几眼又放下，心中有些烦，也可以说无聊。于是，我决定整理一下旧书架。

　　当手一摸到那几百本静静搁置了多年的笔记本和备课本时，我的心顿时沉静下来。我仿佛又回到了自己的青年时代，回到了自己热爱的教师工作岗位，那种美妙的感觉难以与外人道也。

　　我的目光停留在一本1992年的笔记本上，上面记录了大连海运学院驾驶88级毕业生答辩安排日程和抽签答题规则，这些是我当时作为分管教学副院长起草的，里面还记录了学生抽签答辩的部分问答题。这些问答题大多数是关于海上避碰规则的应用题，有船艺教研室制定的标准答案。我长时间翻看这些当年的笔记本和备课本，沉浸其中，心中无比喜悦，像一阵春风扑面而来，我似乎知道自己该做点什么了。

　　从那天开始，一有空，我就仔细整理、修改笔记中有关"船舶避碰与安全"方面的内容，并改写成随笔。到今天为止，已经写了60余篇，每篇都不长，1500字左右，围绕一个知识点展开，图文并茂，读起来很轻松。

　　我喜欢航海技术这个专业。多年来，在工作或生活中，凡是遇到有船长背景的人，我就感觉格外亲切。每次与他们交谈时，有关他们在海上工作的故事我都听得津津有味，经常把它们记在笔记本上。这些笔记本，逐渐积累起来，成了我心目中记录、定格过往瞬间的宝物。翻看、触摸这些过往，常常觉得自己还是深深喜欢航海技术专业的。这些旧笔记本今天看起来还是那么时尚，也成了这本书诞生的基础。

　　撰写这本有关"船舶避碰与安全"的随笔性质的文集，旨在帮助读者更轻松地理解《1972年国际海上避碰规则》中基本的规定及内涵。它不是教材，也不具备教材的系统性、全面性，但读起来像故事，有趣味、易理解。如果在教学上我们也多采用案例和故事来讲解避碰规则的条款，学员会不会更容易理解条款规定呢？

由于自己没有多少航海实践经验，又远离专业学术多年，文中缺点和错误在所难免。敬请各位老师、同学和读者朋友批评指正，也欢迎和我一起讨论。

当我提笔写这些随笔时，脑海里时常浮现出在大连海事大学工作期间，许多老师和同事给予我的无私帮助。每当想起这些，我的内心便充满感激之情。

在这里，感谢大连海事大学出版社给我这么一个机会，特别感谢编辑一室的刘长影主任以及其他编辑为本书所付出的努力和帮助。

感谢《中国火炬》杂志美术编辑郭春燕帮助完善了书中部分插图；感谢王淑艳老师审读书中部分内容，并提出修改意见；感谢严新平院士阅读书中所有的内容，并给我鼓励；感谢李颖教授、张铎教授、张仁平教授、史国友教授等提前阅读书中某些内容，同时给出建议和鼓励；感谢孙雷局长和周晖煜处长对部分内容的修改和建议。

我更要感谢有关方面的专家，读了你们的著作才使我产生了写作的火花。

最后，还要感谢我所有的读者，感谢你们愿意花时间，对我的书感兴趣，给出评论。

任茂东
2022年3月16日

目 录

1

第三章　权利与义务 ………………………………… 127

第一章
概念与定义

茫茫海洋为何需要避碰规则呢?

大约在 2004 年春天，我带队赴上海进行科普法执法调研。座谈会上，会议主持人介绍了我的职务，同时还介绍说我曾是大连海事大学的教授。也可能是这个原因，有名中学生代表问了我一个小问题，她说昨天从新闻上看到有两艘船在黄海海面相撞，茫茫大海上两船怎么会相撞呢?

是的，奇怪吗? 那就让我们从海洋说起。

海洋该如何定义呢? 今天我们一谈到海洋，就会说是太平洋、大西洋、印度洋、北冰洋和南冰洋这五大洋。但是在古代，人类认知的海洋就是一整片广袤而神秘的咸水域，包围着人们已经知道的陆地。正如 1911 年的《大不列颠百科全书》中所定义的，它是一个"巨大的、相连的咸水域，覆盖着地球表面的绝大部分"。

在被海洋隔开的大陆上，人类文明各自开花结果，但难有人员往来。航海具有悠久的历史，远洋航海的历史可以追溯到公元前 1000 年。但自从亨利、哥伦布、麦哲伦、达·伽马、郑和等穿越浩瀚的海洋，大洋的水面上也逐渐热闹起来，可以说，将航海彻底发展成为一门科学加艺术，他们有很大的功劳。

19 世纪下半叶，远洋汽船取代了帆船。随着现代文明的飞速发展，海上交通也日益繁盛，大西洋、太平洋、印度洋，甚至是北冰洋和南冰洋，一艘艘钢铁巨轮擘开巨浪，满载粮食、原料、石油等，在各大洲之间穿梭，成为沟通各大洲的移动桥梁。如果没有现代海洋运输，世界上就会有约一半人挨饿、受冻。

航海曾一度是独立进行的，现在则逐渐变成一种受规则限制的活动。为什么呢? 船舶密集了，麻烦也就来了，海上交通事故开始增多。怎样解决这个难题呢? 人们就提出了海上航行避碰规则。海上航行避碰规则，其道理很简单，就如同车水马龙的城市马路一样，为了不至于互相碰头相撞，都靠右侧通行，当然英国等国家是靠左侧通行的。

说到这个话题，仍然是有些让人感到匪夷所思。我在全国人大常委会工作期间，一有海上碰撞事故的新闻，就有人责问我："你们是怎么教的船长，茫茫大海上两条船竟然都能相撞？"有这种看法的人，大致是不太了解海上船舶航行的情况。

实际上，在这个世界上，无论什么都有可能相撞。在海上两船碰撞，有时候甚至比两人在街上相撞更容易些。所以，海上碰撞事故时有发生。尤其是在繁忙的狭水道，交通运输兴旺发达，船舶运输昼夜不停，海面上船来帆往，遵守避碰规则尤为重要。繁忙的狭水道，交通事业蒸蒸日上，如图1-1所示。

图1-1 繁忙的狭水道，交通事业蒸蒸日上

那是什么原因导致船舶碰撞的呢？

导致船舶碰撞的原因很多，大多数是驾驶员没有很好地遵守避碰规则，懒怠、疏忽瞭望，对海面上来往船舶视而不见、听而不闻。

一艘在海上航行的船舶，就是移动的巨额财产，船舶自身的造价加上所载货物，动辄几亿美元，甚至几十亿美元，最宝贵的还是船员的生命。驾驶如此贵重的水上载运工具，应当全神贯注、聚精会神。然而，即使警钟长鸣，有的驾驶员仍然采取置若罔闻的态度，各种疏忽、失职导致的海上事故还是屡屡发生，甚至重复上演，令人扼腕痛惜，为此令人更加关注避碰规则。

让我们先看一则新闻报道：2009年8月19日11:10 中国日报网站报道"两

艘货船在马六甲海峡相撞，9名中国船员失踪"。

中国日报网环球在线消息：据美国媒体报道，两艘货船8月18日晚在马六甲海峡海域发生相撞。马来西亚警官马兹兰19日表示，目前有8名中国大陆船员和1名中国台湾船员失踪，另有16名船员获救，其中15人来自中国大陆，另1人来自中国台湾。

据报道，散装货船上的火势很大，在附近城镇清晰可见。由于被撞货船上装有易爆物，所以当局禁止救援人员靠近这两艘船，现场的救援人员很难进一步展开行动。

海事局的一位官员严肃地说："这样的场景，似乎不止一次发生，大部分是驾驶员麻痹大意所致。没有解决这种问题的灵丹妙药，只能认真遵守海上避碰规则。"

人们往往不容易被说服，但能够被规则约束。

1912年"泰坦尼克"号沉没的悲剧催生了重要的《国际海上人命安全公约》（SOLAS）

2022年1月20日，北京，大寒，雪。一个多世纪前的今天，世界上第一个《国际海上人命安全公约》（SOLAS）诞生了。

这个国际公约的诞生，要从"泰坦尼克"号（RMS Titanic）说起。"泰坦尼克"号是当时世界上排水量最大、设施最豪华的客运轮船，排水量达46000吨。1912年4月14日23点40分左右，"泰坦尼克"号与一座冰山相撞，造成右舷船首至船中部破裂，5个水密舱进水。4月15日凌晨2点20分左右，船体断裂成两截，沉入大西洋底3700米处，2224名船员及乘客中有1500多人丧生，如图1-2所示。

沉船过程中，一个残酷的事实，就是船上配备的救生艇数量没有与乘客数量挂钩，实际只能容纳不足一半的人员。这是"泰坦尼克"号的设计工程师和船东犯的最为严重的一个错误，但按当时的法律来讲，这项事实上的错误并没有违反有关邮轮设计的法律规定。"泰坦尼克"号的沉没造成了重大人员伤亡，过时的法律规定有着不可推卸的责任。

图1-2　"泰坦尼克"号在撞击冰山后渐渐沉没

"泰坦尼克"号沉没的事件通过文学和电影等途径而变得家喻户晓。但是，事后那些海事机构及航海专业人士都做了些什么却并不广为人知。他们大声疾呼，应该制定有关国际公约，以保障海上人命安全。他们的行动是伟大的，也应当广为传颂。

俗话说："万事开头难。"在100多年前，要让各个国家达成一个具有足够约束力和广泛影响力的国际公约，谈何容易。那些海事机构和专家们可谓是历尽了千辛万苦。在1914年1月20日，以英国为首的13个国家终于签订了《国际海上人命安全公约》（SOLAS）。这是世界航海史上一个具有里程碑意义的国际公约。它建立了包括船舶防水和防火舱壁、信号（特别是无线电信号）设备、航行安全、救生、消防及相关设备等在内的安全航行标准。

遗憾的是，公约建立后不久，第一次世界大战爆发，公约未能生效。尽管起初其影响力甚微，但随着人们对海上安全认识的逐步深入，如今保障国际海上人命安全已经成为一项真正意义上的全球性事业。历经两次世界大战后，SOLAS公约一直处在不断修订和补充的过程中，迄今共被160个国家签署，成为一个重要的国际公约。

谈到这个公约，让我想起与之密切相关的另一个国际公约，即国际海上避碰规则。在没有这个国际规则之前，在航海者之间，历来存在着一些公认的航行习惯，避免船舶相遇时发生碰撞。

避碰规则是防止船舶发生碰撞事故、保障海上安全的重要海事法规。它的出台也是政府间海事组织和各国专家学者艰辛努力得来的结果。

1846年，英国议会通过了《汽船航行规则》。1862年，英国政府制定了一套海上避碰规则，并经与法国多次协商修改，于1863年在英、法两国海域开始施行。

为了使海上避碰规则得到更广泛的应用，在美国政府的倡议下，1889年10月，由美国政府发起，第一次海上避碰规则国际会议在美国华盛顿召开，首次制定了《国际海上避碰规则》。但直到1897年，这项规则才在英、美等少数国家施行。接着，1910年10月，世界主要航运国家在布鲁塞尔召开会议，制定了《1910年国际海上避碰规则》，并决定立即生效。该规则成为第一个国际海上避碰规则，一直发挥效力至1953年12月。

1914年，第一次海上人命安全公约会议对《1910年国际海上避碰规则》进行了修改。同样，由于第一次世界大战爆发，该避碰规则也未能生效。

时隔34年后，即1948年夏天，国际海上人命安全委员会在伦敦召开会议，对《1910年国际海上避碰规则》进行了审议和修改，通过了《1948年国际海上避碰规则》。《1948年国际海上避碰规则》于1954年1月1日正式生效。

1957年12月23日，中国第一届全国人民代表大会常务委员会第88次会议根据国务院总理周恩来签署提出的议案，审查了1948年伦敦国际海上人命安全会议制定的海上避碰规则，决定予以接受，并做出如下保留：属于中华人民共和国的非机动船，不受海上避碰规则的约束。

1959年，联合国设立"政府间海事协商组织"，简称"海协"（IMCO），1982年5月更名为"国际海事组织"（IMO）。〔注：国际海事组织（IMO）是负责安全、保安和高效航运以及防止船舶污染的联合国专门机构。〕20世纪50年代以后，装备雷达的船舶增多。为了适应这一发展状况，1960年，在IMCO的主持下，召开了1960年国际海上人命安全公约国际会议，同时通过了《1960年国际海上避碰规则》，仍作为SOLAS公约的一个附件。《1960年国际海上避碰规则》于1965年9月1日生效，我国政府于1975年6月2日正式接受。

1972年10月，IMCO在伦敦召开会议，对《1960年国际海上避碰规则》进行了实质性的修订与完善，审议通过了《1972年国际海上避碰规则》。这次修订将避碰规则从SOLAS公约中独立出来，于1977年7月15日生效。这就是现行的避碰国际规则。我国政府于1980年1月7日交存了《1972年国际海上避碰规则公约》的加入书，该公约同日对我国生效。

今天，广袤无边的大洋中航行着无数的货船与游艇，它们是人类力量的象征，是有限大陆的动态延伸，给人们带来了无尽的财富和资源。一百多年前"泰坦尼克"号的灾难也已经成为人类历史长河中的一个故事。但是，类似的灾难能够得以避免并且成为历史，有通用技术和国际规则的功劳。而这背后，是一代代航海专家学者和规则制定者为航行安全付出的努力。我们不要忘了他们。

国际海上避碰规则概述

——既是技术标准，也是法律规范

现行的《1972年国际海上避碰规则》，作为一个重要的规范性文件，其地位和作用已毋庸置疑。该避碰规则有双重性质，即兼有技术标准和法律规范的性质，已经得到世界各国航运界及海事界的肯定与承认。

作为一种技术标准，避碰规则的主要作用是从号灯、号型和汽笛的技术要求，到指导驾驶人员如何采取避让行动来避免发生事故，它是船舶在海上航行的交通规则；作为一种法律规范，避碰规则的主要作用在于约束船舶驾驶员的行为，以及确定船舶在航行中有无过失。遵守避碰规则，安全更有保障，如图1-3所示。

图1-3 遵守避碰规则，安全更有保障

《大学》中讲："物有本末，事有终始。"简单描述避碰规则内容，有利于我们对避碰规则的进一步理解。

现行的《1972 年国际海上避碰规则》共分六章，四十一条，四个附录。第一章"总则"，主要说明规则的适用范围、责任及一般定义。第二章"驾驶和航行规则"，主要内容是说明船舶在任何能见度情况下，在互见中以及在能见度不良时的行动规则，分三小节：第一节为船舶在任何能见度情况下的行动规则，第二节为船舶在互见中的行动规则，第三节为船舶在能见度不良时的行动规则。第三章"号灯和号型"，规定各种船舶在各种状态下在夜间应当显示的号灯和在白天应当悬挂的号型，目的是使驾驶员能够根据来船的号灯或号型判明其种类及动态，作为避让操纵的依据。第四章"声响和灯光信号"，规定各种船舶在能见度不良时表示动态和种类的声号，作为避碰判断的依据；船舶在互见中的声号，说明了船舶双方在互见的条件下，用来表示自己行动的声号，目的是使双方彼此了解，以求得动作的协调。第五章"豁免"，对规则生效前建造的船舶可以免除一些该规则对号灯等规定的要求。第六章"对符合本公约规定的验证"，规定各缔约国的审核与验证的有关事宜。

附录一为号灯和号型的位置和技术细节；附录二为在相互邻近处捕鱼的渔船额外信号；附录三为声号器具的技术细节；附录四为遇险信号。

避碰规则是船舶航行的行为规范，也是技术标准。它是船舶驾驶员航行值班的准则。海上航行安全主要是靠人，避碰规则是要人去遵守，我们要用唯物辩证法去观察问题、分析问题，既要遵守避碰规则各条款的明确规定，又要思考各章各条之间的内部联系和立法的本意，根据具体情况以及水域环境分析和解决船舶避让中的各种矛盾和问题。

开船和做人一样，要遵守规则，提倡顾全大局，把方便让给他人。船舶驾驶员应主动、及时、准确地避让他船，避免各种紧迫局面或碰撞事故的发生。

避碰规则适用的水域

根据《1972年国际海上避碰规则》第一条第1款的规定，《1972年国际海上避碰规则》适用的水域包括"公海（high sea）"和"连接公海而可供海船航行的一切水域"两大部分。

第一大部分，船舶航行的水域是"公海"。何谓公海呢？按照1958年《公海公约》的规定，公海是指不包括国家领海或内水的全部海域。根据1982年《联合国海洋法公约》第八十六条的规定，公海是指不包括在国家的专属经济区、领海或内水或群岛国的群岛水域内的全部海域。

公海对所有国家共同适用。公海应只用于和平目的。它不是任何国家领土的组成部分，因而不处于任何国家的主权之下；任何国家不得将公海的任何部分据为己有，不得对公海行使管辖权。《联合国海洋法公约》规定了航行自由、飞越自由等6种自由。

依据1982年《联合国海洋法公约》的规定，"每一国家有权确定其领海的宽度"，但对其最大范围做出了限制，即"从按照本公约确定的基线量起不超过12海里的界限"。

1958年9月4日，全国人民代表大会常务委员会第一百次会议批准的《中华人民共和国政府关于领海的声明》，宣布中华人民共和国的领海宽度为12海里（浬）。这项规定适用于中华人民共和国的一切领土，包括中国大陆及其沿海岛屿，和同大陆及其沿海岛屿隔有公海的台湾及其周围各岛、澎湖列岛、东沙群岛、西沙群岛、中沙群岛、南沙群岛以及其他属于中国的岛屿。

第二大部分，船舶航行的水域是"连接公海而可供海船航行的一切水域"，如图1-4所示。所谓连接公海而可供海船航行的一切水域，通常是指专属经济区、领海、内海，以及与领海、内海相连接并可供海船航行的港口、江河、湖泊等一切内陆水域。

图1-4 船舶可以自由航行在公海水域

避碰规则适用于"连接公海而可供海船航行的一切水域",这个"一切水域"需要具备两个基本条件。一是该水域必须跟公海相连接。不论是直接连接还是间接连接,也不论是天然连接还是人工连接,都属于避碰规则规定连接公海的情况。换句话说,对于海船的航行而言,该一切水域与公海是一体的,也就是海船能驶进驶出。二是该水域必须可供海船航行。避碰规则中的"可航"一词,指的是有足够水深和宽度,能够使得海船安全航行。海船指的是设计为从事海上运输或者作业的一切船舶。简言之,可供海船航行的一切水域,是指海船能够驶到的所有水域。

哲学家黑格尔讲:"凡是现实的都是合理的;凡是合理的都是现实的。"这句话在恩格斯的《反杜林论》中成为最有进步意义的话。我们用黑格尔的这句话所体现出来的精神,去理解《1972年国际海上避碰规则》第一条规定就会感到很轻松。

知识链接:

《中华人民共和国海上交通安全法》第三条规定:"国家依法保障交通用海。海上交通安全工作坚持安全第一、预防为主、便利通行、依法管理的原则,保障海上交通安全、有序、畅通。"

谈各国政府可制定船舶航行安全的特殊规定的水域

依据《1972年国际海上避碰规则》第一条第2款的规定，各国政府可制定特殊规定的水域有港外锚地、港口、江河、湖泊或内陆水道。这种特殊规定，应当尽可能符合避碰规则各条款。

首先，驾驶员操纵船舶到达上述特定水域，就可能处于各国政府已做出了特殊规定的水域，也就应当遵守这些特殊的规定；驶进锚地水域，就应遵守当地规则，如图1-5所示。

图1-5　驶进锚地水域，就应遵守当地规则（图片来源：小吕）

用简单的话说，如果你驾驶船舶，在公海与公海相连接的任何可航行的水域中航行，你就必须遵守避碰规则，除非当地政府对那里已经做出了特殊的规定。

其次，特殊规定优先原则。避碰规则明确规定，避碰规则条款不妨碍特殊规定的实施。因此，特殊规定和避碰规则同时适用时，采取特殊规定优先适用的原则；当特殊规定与避碰规则的要求不一致时，应当执行特殊规定。

让我们看一下某船舶管理公司录用三副时的一道面试题：

总船长问："当避碰规则与港章发生矛盾时，你该怎么办呢?"

考生有点紧张，回答如下："在公海和连接公海可供海船通航的一切水域中，应遵守《1972年国际海上避碰规则》。但当船舶进入某港或者锚地水域后，除应遵守《1972年国际海上避碰规则》外，还应当遵守该锚地、港口的规章制度。当两者发生矛盾时，在港的船舶就必须先执行港章的规定。"

总船长肯定了考生的回答，然后又补充说："有些港口或者锚地没有制定它自己的港章或港务法规的，那么，这时我们就应老老实实地遵守《1972年国际海上避碰规则》，开好自己的船。"

最后，航行安全最重要。为了航行安全，要及时查阅当地规定。当船舶驶进某国家管辖的水域时，船长就会自觉地翻阅最新航路指南等航海资料，了解当地的特殊规定，确保航行安全。

知识链接：

关于船舶安全，目前还没有一个国际通用的法定定义。它是安全科学体系的一个分支，因此它具有跨学科的特点。它的基本情况主要由工程技术科学来决定。对事故、事件经过的勘查，其依据则来源于自然科学。人类克服艰险情况的相应行为模式被医学、心理学、生产科学和人体工程学揭示出来。

船舶安全是一个复杂的科技知识领域，其中包含多种客观与主观因素，多个组成部分和因素相互融合与交错。从不同的科学和实践出发，船舶安全这一个概念的外延和内涵会得到不同的解释及其运用。

船舶安全的目的，是保障船上人员的生命和健康，以及在船舶运行过程中遇到故障或事故时防止和减少损失。它所涵盖的不仅是指在船上直接发生的情况，同样也要涉及因为船舶事故而引起的公害以及受损船舶周围海域所受的危害。

谈规则规定的三个"疏忽"不能被免责

一天早上，在北京东四大街，一辆轿车跟一辆摩托车相撞了。轿车司机向交警解释说："我是自己不小心才把摩托车给撞了，不是故意的。"交警说："知道你是疏忽，如果是故意的话，就不是我来处理了，应当是派出所来处理了。"这说明疏忽需要承担民事责任。

讲到"疏忽"一词，我们就能想到《1972年国际海上避碰规则》第二条中提到的"任何疏忽"的规定。

那什么是"疏忽"呢？在民法原理中，它又可解释为"过失"。"疏忽"和"过失"两者之间，其实并无太明显的区别。根据《中国大百科全书》对侵权行为的解释："过失是指致害人对自己的行为及其行为可能产生的后果应当预见、能够预见而竟没有预见；或者虽然已经预见但却轻信其不会发生。"换句话说，行为人不希望有损害发生，但对损害的发生应当或能够预见却没有或没能预见，导致损害发生。而"疏忽"，指的是行为人的过失行为，而不是其过失的心理状态。因而，"疏忽"通常又被解释成"为而不为"（应该做到的而没有做到）的行为。船舶驾驶员要集中精力驾驶，疏忽是不能免责的，如图1-6所示。

图1-6　集中精力驾驶，疏忽是不能免责的

在《1972年国际海上避碰规则》第二条第1款中，列举了三种不能免除责任的疏忽：一是对遵守避碰规则各款的任何疏忽；二是对海员通常做法的疏忽；三是对当时特殊情况可能要求的任何戒备上的疏忽。

这些往往是造成"紧迫局面"，甚至导致碰撞事故发生的主要原因。三个"疏忽"几乎包括了船舶驾驶员的所有问题，内容十分丰富。

许多海上交通事故通常是由以上这些疏忽所造成的。一般情况下，船舶碰撞事故的发生，绝大多数是由船长或船员在管理船舶、驾驶船舶过程中的疏忽或过失所造成的。

在海上交通事故中，若证实船长或船员犯有疏忽或过失，则不能免除他们的责任，除非事故完全是由不可抗力所致。即便如此，他们也仍然必须承担举证的义务。

因此，要避免和减少碰撞事故，首先要求船舶驾驶员尽力防止与避免工作的种种疏忽大意。

海事法官经常讲，不要跟我解释疏忽的理由，要找出不可抗力的证据。

因疏忽造成了船舶碰撞，船舶驾驶员及相关人员就应当承担责任，接受处罚，否则是不公正的。这背后的效率考量是：如果船舶事故肇事者不需要负责任，那么海上航行秩序就会杂乱无章，航道和海峡的航行价值就会荡然无存。

知识链接：

IMO为什么不急于加快提高安全标准的进程，而是致力于全面落实通用的规定，加快规则实施的审核呢？

最近几年来，技术不断革新的船舶、现代化的船舶操纵和通信导航设备、持续升级的港口相关的海上设施，以及新型的装卸技术等，都极大地提升了海运的效率。然而，到目前为止，海上交通事故并未呈现明显的下降趋势，而这本是技术不断完善所希望能够实现的。

多年来，在船舶安全性能上不断追求技术发展和完善成为船舶设计师的首要考虑因素。由过去三十年的海上事故分析可知，在航海实践中为了安全需求所投入的部分高额经费并未带来理想的结果，得出来两个结论：一是海上事故的主因并不在于船舶技术的缺陷，而是人为的疏忽；二是想靠技术的进步来达到最高的安全要求是不切实际的。（根据[德]约阿希姆·哈内主编，刘曜、宋新新等译，上海科学技术出版社《船舶航行安全》的有关内容进行编写。）

谈遵守本规则各条款"任何疏忽"

什么是遵守本规则各条款的疏忽？顾名思义，就是执行规则各条款规定的过错。这个简单到可以一句话概括、复杂到需要一篇博士论文来回答的问题，可能在不同的视角、案情、环境等条件下无法得出一个标准答案。

让我们先从一个故事开始。

1996年6月16日，凌晨两点半，狂风夹杂着暴雨，铺天盖地地袭来。呼呼的风声，加上哗哗的雨声，好像千万头野兽在嘶吼怒号。凌晨3点钟，暴风雨更加猛烈了。3点25分，这时的二副为了下班，告诉值班水手帮着瞭望一下，自己进入海图室，进行定位和写航海日志。3点38分，"咣当"一声巨响，海图桌上的铅笔滚落地下，"什么在响？"二副吓得大叫一声。二副从海图室出来，眼睛的暗适应还没调整好呢，殊不知大船已经撞在一条小渔船上了。

由于船舶驾驶员疏于瞭望，连措施都没有来得及采取，两船就撞上了。小渔船翻了，两个渔民下落不明。船一到港，警察就把二副带走了。

该船舶驾驶员的行为应属于哪一种疏忽呢？就疏于瞭望、措施不及而言，法官认为，该船二副的行为是对遵守避碰规则条款的疏忽。因为，其行为业已违反《1972年国际海上避碰规则》第五条、第八条的规定。但从其忙于定位、疏于避让而论，则又可视为对海员通常做法的疏忽。因为，该驾驶员混淆了"定位"与"避让"之间的关系。简单地说，就是没有遵守避碰规则各条款的规定，因而发生了碰撞事故，所以从大学开始就要养成一丝不苟的责任心，如图1-7所示。这种疏忽我们可以列举如下：

图1-7 从大学开始就要养成一丝不苟的责任心

对号灯、号型及信号上的疏忽，如没有按时显示和解除，或者没有按照规定显示，或者显示错误；瞭望中的疏忽，如马马虎虎地瞭望，没有认真连续瞭望；或者不经常变换位置造成瞭望死角，发现来船太迟；又如驾驶员进入海图室时间太久中断瞭望、注意，从明亮的海图室再到黑暗的驾驶室，眼睛难以适应；再如依赖航海仪器，片面使用或不使用仪器或者忙于定位等。

没有遵守使用安全航速、减速或停车等航行规定；该右转避让的没有右转；在能见度不良时，对正横前船舶没有尽可能避免向左转向避让；对航向、航速做一连串小变动等；应遵守分道通航制规定航行却没有遵守等。在法庭上，以上列举的过错都可能被法官列为遵守避碰规则各条款的疏忽。

如果船舶驾驶员当班，特别是夜间当班时能够认真瞭望，一丝不苟地遵守避碰规则，就同时做到了两件最有价值的事情。

如果你珍爱自己，也应当遵守法规。

知识扩展：

人眼在外界光亮程度变化时会产生适应性的变化。人从黑暗的地方进入光亮的地方，或者从光亮的地方进入黑暗的地方时，眼睛不是马上就能够看清物体，而是要经过一段时间才能看清，这种现象被称为眼睛的明适应与暗适应。从医学上可知，明适应时，由于是从暗处进入光亮处，眼睛的瞳孔缩小，进入眼睛的光通量减少；暗适应时，眼睛的瞳孔放大，进入眼睛的光通量增加。

暗适应时间较长，一般要经过4~5分钟才能基本适应，在暗处停留30分钟左右，眼睛才能够完全适应。因此，夜间驾驶员交接班时，接班驾驶员从明亮的海图室出来进入驾驶台至少要用5分钟的时间来做暗适应的修正。明适应时间较短，一般经过1分钟左右便可以适应，但在明适应时要对眼睛进行保护。

什么是海员通常做法所要求的任何戒备的疏忽?

毛泽东同志在《实践论》中指出:"马克思主义者认为人类的生产活动是最基本的实践活动,是决定其他一切活动的东西。"《1972年国际海上避碰规则》第二条第1款提到按海员通常做法所要求的任何戒备上的疏忽。

首先,什么是海员通常做法呢?根据毛泽东同志的论述,海员通常做法就是船员的习惯做法,指的是广大海员在长期的航海生产实践中积累形成的一种习惯的、经常性的做法,并且这些做法是被人们实践证明能够有利于船舶航行安全和有助于避免船舶碰撞的。

其次,我们先讲个故事,来说明海员通常做法上的疏忽。

1999年7月,"H海"号满载5万吨的矿石,从澳大利亚黑德兰港返回国内的湛江港水域,航向002°,航速15节。22点30分,三副在当班。船长走下驾驶台,在夜航簿中写道:"有事尽快叫我。"

22点40分,嗖,嗖,一道道闪电;轰隆隆,几个响雷。倾盆大雨,天地间浑沌一片,能见度突然降低。三副把雷达打开,从雷达上发现,真方位045°、距离2海里左右处有一船舶正在航行,航向235°。

这时船长听到雷声,来到驾驶台,三副报告:"前面有船,看到两盏白灯,很像两条船前后航行,我们是否可从两条船中间穿过?"由于船长刚上驾驶台,眼睛还在适应,他认为三副是科班出身,业务能力很强,没加以更多的思索,凭自己的经验,也认为是两条船,就同意了三副的建议。

两人在驾驶台聊着天,雨还在下,船在前进。23点10分,船长突然感觉不对劲,发现前面航行的不是两条船,而是一艘超大型船舶,是交叉相遇,距离只有不足1海里了,他立马下令将自动舵改手操舵,右满舵、停车、后退三。23点18分,"H海"号与前面的轮船"亲吻"了一下。雷声还在响,大雨还在下。

原来前面的轮船也是本公司的"双T"号超大型集装箱船,是一艘5500标准箱大型集装箱船舶。该轮航向230°，航速16节。实际上，该轮也发现了来船，看见了"H海"号的绿色舷灯，因为认为自己是直航船，所以也没有及早采取避让措施，到了距离约800米时，船长发现不好，才下令右满舵，结果还是擦碰了一下。这时候，天空一个闪电接着一声响雷。船长伫立在驾驶台，呆呆地看着对面的船。由此可见，驾驶台上每个人都应聚精会神，如图1-8所示。

在该案中，公司安全生产部认定，两船都有过失，都没有保持正规的视觉瞭望。"H海"号轮在避让中，没有及时采用手操舵，同时采取措施也不及时，所以，"H海"号轮承担80%的碰撞责任，"双T"号轮承担20%的碰撞责任。

图1-8　驾驶台上每个人都应聚精会神（图片来源：尹教授）

我对故事中的主人公没有任何讥讽、嘲弄的意思。我讲这个故事的目的是，通过故事来反省和理解海员通常做法的疏忽问题。

再次，看看对海员传统的合乎常理的习惯做法上的疏忽。这里，我们可以列举一下：对舵令不复诵、不检查、不核对；在夜间航行中没有保持"夜视眼"，未及时将自动舵改为手操舵；在对周围环境不了解的情况下匆忙交接班；避让一船没有考虑可能造成与另一船的紧迫局面；进出港，或者通过复杂航道，没有备车、备锚或没有加派必要的瞭头；不熟悉本船操纵性能和各种导航仪器的使用操作，导致操作不当，或在航海作业时犯计算上的低级错误；没有执行航行规章制度，等等。这些都是海员通常做法的疏忽。

总之，船员职责工作中的所有过错，造成了碰撞事故的，往往都包括在这几种疏忽之内。

什么是特殊情况所要求的任何戒备上的疏忽？

《1972年国际海上避碰规则》第二条第1款规定："当时特殊情况所要求的任何戒备上的疏忽而产生的各种后果的责任。"顾名思义，特殊情况即事物的异常情况。

首先，各种物质运动形式中的矛盾，都具有它的特殊性。构成特殊情况的原因包括船舶条件的突然变化、自然环境的突然变化、交通条件的突然变化、他船所采取行动的突然变化等。

特殊情况所要求的特殊戒备，就是针对可能出现的特殊情况而应当保持应有的特殊戒备，包括事先应预见到而未预见到会出现的特殊情况发生时，未采取该情况所要求的任何戒备措施；事先预见到可能会出现特殊情况而没有任何戒备，或者虽然有戒备但采取的戒备措施不到位；出现特殊情况后根本未采取任何戒备措施或者戒备措施不合适。

其次，让我们来看一个真实的案例，来自船上董政委的个人回忆录。

1990年12月，一个孤寂黑暗的冬夜，微风不停地吹着英吉利海峡的水面，天上下着小雨，水面上翻着白色浪花，"HH"轮有轻微的颠簸。这时"HH"轮，航向335°，航行在英吉利海峡东南端，开往引航员登船的地点，如图1-9所示。

凌晨12点半，驾驶台当班的是文弱瘦小的沈二副和粗壮高大的赵水手两人。二副趴在驾驶台的窗前，聚精会神地向窗外张望，看到漆黑的世界里有许多船舶的信号灯，心里有点儿紧张，这是他第一次航行于英吉利海峡，这个海峡是他在中学读书时知道的。

大约1点多钟，曹船长登上驾驶台，一边揉眼睛，一边听二副介绍情况。曹船长听了二副的情况介绍后，断定还有1海里就到达转向点，预计4点钟到达引航员登船地点。眼下，在"HH"轮的左前方大约300米有一艘同向平行船，可能也要去引航站。

这时候，船长下令在航道转弯处来个弯道超车，早点到达引航员登船地点，早些进L港。二副打了一个寒战，心里想："在这个情况下追越不太合适吧？"无奈，船长下命令了，这时二副就打电话给老轨，商量让主机加加速（当然，现在无人机舱不用商量了，在驾驶台直接操作就可以了），同时发出了二长声继以一短声（表示，我船打算从你船的右舷超越）的汽笛信号，但是对方没有回答，"HH"轮继续全速前进三航行，快到弯段处接近前船正横了，说时迟那时快，前船突然来了个右转向，"HH"轮曹船长声嘶力竭地喊："右满舵、停车……"但是已经来不及了，只听见"咣当"一声巨响，两船撞在了一起。"天呐！撞上了！"曹船长大声喊。小雨还在下，天还是那样黑。

这时，文弱瘦小的沈二副被吓得魂飞魄散，双腿发麻，手足无措，手把着驾驶台上的车钟，呆呆地站在那里。大个子赵水手，轻轻地拉了沈二副一下，跟船长三人走下驾驶台。

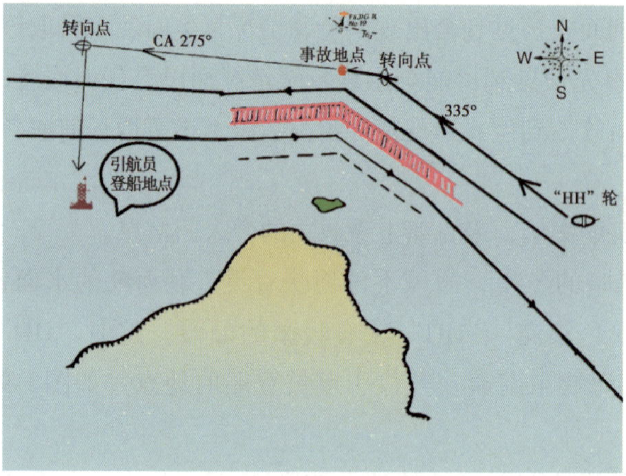

图1-9 事故地理位置示意图

原来"HH"轮要追越的船是一艘日本籍"B丸"轮，它也是开往引航地点的，"B丸"轮听到了"HH"轮请求追越的信号，还没来得及回答，在它的左前方猛然出现另一艘横越航道的小船，紧急中的"B丸"轮船长，立马下令"右满舵，停车、后退三……"很遗憾，虽然小船躲开了，

但"B丸"轮与"HH"轮却撞在一起。这时候，天还没亮，雨越下越大。

伦敦巡回法庭裁判认为，该追越船的行为，同时构成第三种特殊情况所要求的任何戒备上的（过错）疏忽，两船都应承担疏忽责任。

那什么是特殊情况所要求的任何戒备上的疏忽呢？

《1972年国际海上避碰规则》第二条第1款提到对于当时特殊情况所要求的

任何戒备上的疏忽，是不免责的。这种疏忽可列举如下：

船舶在茫茫大海航行时或锚泊中，经常会遇到一些特殊的情况。一是经常会遇到一些特殊情况，如突然浓浓大雾、倾盆大雨，或者暴风骤雨，缺乏应有的戒备，因避让一船而没有注意可能造成与另一船的碰撞；二是在狭水道或者通航密度大的水域中行驶，因避让一船而没有注意可能造成与另一船的碰撞；三是对另一船可能背离条文的行动缺乏思想准备；四是锚泊中不注意他船动态，面对紧迫局面，发生紧迫危险，等等。在这些特殊情况下，对自己周围的情况估计不足或判断错误，疏忽了应有的戒备，从而导致了海上交通碰撞事故。这些情况，法官可以认定为特殊情况中戒备上的疏忽责任，不予免责。

在安全距离难以确保的情况下，贸然地在前船的右舷追越，并且不发送追越信号。但在追越过程中，前船为避让其前方的另一艘横越航道的船，突然右转，横穿追越船的前方，导致追越船在此突变之中，在尚未意识到危险在即时，两船已发生碰撞。在这种情况下，海事法官都认为，该追越船的行为，就可能同时构成三种疏忽。

最后，从避碰规则规定条款本身而言，规则集法律的强制性规定、海员的通常做法及其良好的船艺为一体，有些条款的规定本身就是一种良好船艺的要求。

开船是个精巧的艺术活，船员不仅要提高良好的船艺水平，更要不断提高自己的人文素养，要意识到夜间当你站在驾驶台上时，一船的资产和全船人员的生命就已经托付给你了。开船跟驾飞机一样，时时刻刻都要小心谨慎（如图1-10所示）。

让我们放松一下，看一段对船的认识的趣闻。1986年我带学生在"矿海"船实习时，"矿海"船上的老轨经常讲笑话。有一次他幽默地说："如果上帝准备给船舶一

图1-10　开船跟驾飞机一样，时时刻刻都要小心谨慎

个性别的话，那么，毫无疑问，船舶应当是一种雌性动物。要不，为什么开船的大部分是男人呢？十有八九是因为异性相吸。所以，驾驶员都害怕自己的船去'亲吻'其他船，是不是也出于嫉妒心呢?"

老子和庄子所追求的，是排除人为、顺其自然的方式，他们的思想合称"老庄思想"。我体会最深的是：认知多一个维度，行动多一些顺其自然，复杂的事情就会通透很多。

谈什么情况下可以背离规则

我们在什么情况下可以背离规则呢？

首先，看规则的规定。根据《1972年国际海上避碰规则》第二条第2款的规定，可能需要背离规则的有以下三种情况：一是存在航行的危险；二是存在碰撞的危险；三是存在特殊情况，这种特殊的情况也包括当事船舶的条件限制在内。

其次，如何理解呢？先让我们看一段故事。

2001年5月，某公司安全生产部门召集下船休假的部分驾驶员召开关于学习避碰规则的讨论会，会上有10个人发言，其中9个人讲的都是船舶碰撞的事，让人听了毛骨悚然，似乎海上都是碰撞事故；只有1个人讲的是，在航行安全的情况下，背离避碰规则条款进行避让的经过。他讲的是他刚任三副时第一航次中避让的事，如图1-11所示。

图1-11　三副避让他船示意图

这一天，风和日丽。早上8点钟，三副当班，三副是上海海运学院（现上海海事大学）毕业的，他身材高大魁梧，船艺好，规则熟。船长也在驾驶台。他的船来到伶仃洋水域，航向300°。9点钟，水面上船舶密集，对面驶来了一艘大型船，本船的右侧还有一艘平行船，左侧又驶来一艘交叉通过船。这时，船长鼓励三副："请大胆采取避让行动，我给你'观敌瞭阵'。"这时候，三副大胆叫了"左舵15"，水手复诵"左舵15"，又叫了前进一，"航向多少？"水手回答："275°。""把定！"在驾驶台上一旁的政委心里还在琢磨："三副为什么向左转向避让，这不是违反避碰规则吗？"船长心里想："这个三副头脑很清晰。"

这时候，又从右侧窜出一条帆船，还好，帆船主动背离规则向左驶去。三副背离了两船对遇向右让船的规定，运用了良好的船艺采取避让行动，安全驶过。这时，他的发言赢得了大家的掌声："规则是死的，执行是活的，不碰撞才是硬道理。"

再次，怎样理解背离规则的三种情况呢？

1. 究竟什么是存在航行的危险呢？

航行的危险，原来是指要执行规则会造成搁浅、触礁、碰撞等的严重危险。大连海事大学吴兆麟教授认为航行的危险有三种情况：一是两艘机动船对遇开来，其中一艘的右舷临近浅滩或暗礁或沉船等所产生的危险；二是两艘机动船交叉相遇，在直航船的正前方临近航行危险物，或者说多条船交叉相遇；三是船舶遇到恶劣的天气，如台风来袭，风力10级，风速50节左右，浪高10米左右，浪头倒转，飞沫使海面呈白色，摇摆颠簸剧烈，能见度降低，这时候可能需要背离规则，如图1-12所示。

图1-12　为了航行安全，要背离规则（图片来源：The American Practical Navigation）

2. 何谓存在碰撞的危险呢？

存在碰撞的危险时需要背离避碰规则的情况通常是指，当船舶按照避碰规则采取避让行动时，就可能会产生与他船碰撞的危险。例如，两艘机动船对遇，其中一船突然向左转向，另一船如果仍然执行规则规定，采取向右转向，那么就有可能构成碰撞危险。

3.存在特殊情况是指什么呢?

它包括自然条件受到限制而构成的特殊情况。一艘机动船与另一艘机动船对遇时，由于其右舷紧邻浅滩或者有第三艘船正从其右舷追越这种情况存在，可能无法按照《1972年国际海上避碰规则》第十四条的规定，对遇船各应向右转向;由于当事船舶条件受到限制构成的特殊情况，如一艘限于吃水的船舶在狭水道与另一船构成对遇局面，但由于限于吃水的船舶其驶离所行驶航向的能力受到限制，而不能右转向等，法官通常都认为，这些属于特殊情况。

在大海上航行时，天有不测风云，任何航行危险、碰撞危险和特殊情况都有可能存在，就可能导致紧迫危险。为了避免这种紧迫危险的发生，驾驶员就不能死板教条地强调按照规则规定去做，应当当机立断背离规则，避免危险发生。这也是《1972年国际海上避碰规则》第二条第2款的立法本意。

最后，我们要强调的是，一切避让或者协助避让的行动，都应当以执行避碰规则为前提，如果任意背离，就必然会造成混乱，成本很大，带来严重后果，对此我们应当慎之又慎，应当按避碰规则行动，不能轻易背离。

总而言之，背离规则只是为了避免紧迫危险、避免碰撞，保障船舶的航行安全。

谈背离规则的条件及其目的

《1972年国际海上避碰规则》第二条第2款关于背离规则的立法宗旨，是为了避免碰撞危险。背离规则是手段，不是目的，但很多人把目的和手段混淆了。

海事法院吴法官说："背离规则受到严格条件制约及限制。一是危险必须是确实存在的，而不是主观臆断或自己虚构的；二是这种危险即将构成紧迫局面，即如果遵守避碰规则会造成一船或者两船的紧迫危险，而背离规则的规定就有可能避免这种紧迫危险；三是背离规则是必须的、合理的，即当时的客观事实表明遵守规则的规定不能避免碰撞，而背离规则的规定可能避免。"

在法庭上，如果你能举证满足以上三个条件，海事法官则会认为背离规则是合理合法的；否则，就是违反避碰规则，要受到处罚。

我们可以背离规则，但绝不能误认为这款规定是执行规则的灵活性的体现，可以任意背离，甚至以适用背离来为违反避碰规则做辩解。

背离规则规定采取避让行动是一种极为严肃的法律行为，它仅适用于遵守避碰规则已无法避免碰撞危险的特殊情况以及业已面临紧迫危险的局面。从这个意义讲，背离规则是权利，也是避让义务。既然是义务，很多时候，法官也会把船舶应当背离规则规定却没有背离而导致碰撞事故，作为一种对遵守避碰规则的疏忽进行处罚。

让我们来看一个故事，如图1-13所示。具体来说应该是，1996年6月18日，夜间11点左右，甲、乙两轮在某海域沿岸航行，三副当班，船长在

图1-13　甲、乙轮碰撞情况示意图

驾驶台，有小雨，能见度不良，两轮雷达均开着。甲轮逆水航行，转向后，航向090°，航速约1节，甲轮航行在乙轮的右侧。甲轮船长认为可以从乙轮右侧安全通过，也就没有采取避让行动。乙轮在浮标附近转向后，顺水航行，航向269°，船位位于甲轮右侧，对遇航行。两船互见时已经彼此距离500米左右了，乙轮船长认为乙轮离甲轮太近有碰撞危险，立即要了右满舵，企图横越来船航向线，迫使甲轮向右转向，在回转过程中可能在流的作用下见船身有打横的趋势，马上命令停车、倒车、后退三，试图再使船保持在原航线上。但为时已晚，甲轮以90°碰角撞入乙轮左舷中前部。

根据事故分析结论，乙轮在紧迫危险情况下，若背离避碰规则打左舵向左转向，与甲轮仍保持异向平行航行，是可以右舷对右舷擦肩通过的。乙轮船长情绪特别激动，理直气壮地说："我船向右转向让他船，何错之有呢？"当地海事局牛法官摇了摇头，和颜悦色地说道："我相信你把规则背得很熟，但你实际上并没有充分正确理解《1972年国际海上避碰规则》第二条第2款的真正含义。你明明可以背离规则左转向，但为何要右转向呢？在这种情况下，我倒宁愿你背离避碰规则第十四条的规定，向左转向行动，这正是避碰规则所期望的，也是规则第二条所要求的。该事故是一个不可原谅的人为疏忽，为此乙轮也应承担一定责任。"

实际上，一个驾驶员大脑中只有一种避让他船的念头，那是很危险的。这也就导致了奇奇怪怪、多种多样的海上碰撞事故。

背离规则的规定而采取行动，是一种不得已的应急措施。任何寄希望于以背离行为来摆脱危险局面的做法都是极端危险的，而只有严格地遵守规则的各项规定，防患于未然，杜绝紧迫局面的出现，才是确保航行安全的关键。否则，危险正在逼近你。

规则的终极目的是确定裁决权。在法学、哲学中要研究的不是"好人做好事，坏人做坏事"的问题，而更多的是研究那些事与愿违的现象。

失去控制的船舶

——不能给他船让路的船

"开船这事儿，总要战战兢兢、如履薄冰，"大连海事大学王老师经常说，"要把船看成是纸糊的。船舶失去控制是时有发生的事。"

所以，《1972年国际海上避碰规则》第三条一般定义中明确了"失去控制的船舶"的定义，一艘失去控制的船舶，是指由于某种异常的情况，不能按避碰规则条款的要求进行操纵，因而不能给他船让路的船舶。同时，规则也就给予失控船不给他船让路的权利。

在海上，究竟怎样告诉他船本船是失控船呢？失去控制的船舶，在白天，要在最容易看见处垂直悬挂两个大黑球，球体的直径应大于0.6米，两球体间垂直距离不得小于1.5米；在黑夜，要在最容易看见处垂直显示两盏环照红灯，以便提醒他船，如图1-14所示。

何谓某种异常的情况呢？它是指船舶本身发生的一些意想不到的非正常情况或意料之外的突发问题。例如，电站事故、机器故障、舵机失控、车叶损坏、舵片丢失等一系列的机损事故导致船舶失去控制的情况。

"某种异常的情况"，当然还包括船上发生火灾，虽然火灾尚未影响到车、舵的操纵能力，但失火会使船舶处于十分危险、混乱之中的这种特定的非正常的情况。

航行中的船舶出现上述异常情况时，即可构成"失去控制的船舶"。当班驾驶员应立即显示相应的失控信号，并记录在航海日志中。

失去控制的船舶的必要条件是什么呢？

决定一船是否真正属于"失去控制的船舶"的必要条件是，不能按照避碰规则各条款的规定进行操纵，因而不能给他船让路。不能给他船让路，是指无法按照规则的规定履行给他船让路的责任以及义务。

（a）失控船，白天悬挂两个大黑球

（b）失控船，夜间垂直显示两盏环照红灯

图1-14　失控船

　　如果船舶处于上述的某种异常情况下，但仍然可以根据避碰规则采取避让行动时，就不属于规则定义的失去控制的船舶，在这种情况下，仍显示失控船的号灯或号型也是不妥当的。

　　1989年2月，甲轮与乙轮在恶劣的天气条件下，在成山角海域发生了碰撞。甲轮航速8.5节，夜间显示了失控信号灯。青岛海事法官裁判认为，甲轮完全有能力给他船让路，无权显示失控号灯来说明自己无能力让路，所以甲船承担大部分碰撞责任。

异常的情况是构成一船失控的基本条件，不能遵守避碰规则规定的要求进行操纵，是判断一船失控的必备条件。不能给他船让路，是确定一船失控的最终要素。

相反，若失控船在失控期间，未能按照避碰规则规定显示号灯、号型，则将放弃了避碰规则给予的一切权利，就应承担避让义务。

1986年9月的一天，"SS"海轮满载3万吨硫黄从约旦港开出。晚上10点钟，三副从驾驶台发现前三舱的舱盖上冒蓝火，立即报告船长。因为船员没见过货舱会这样冒蓝火，所以全船乱成一团。在大副的指挥下，船长、水手都跑去灭火。无巧不成书，此时从右前方驶来一艘交叉船，显示是红灯，显然是直航船。由于慌乱，三副没有打开失控信号灯，导致避让不及时，两船擦碰了一下，损失很大。法院把船扣押了。

经法院认定，"SS"海轮承担大部分责任。船舶代理律师不服，"我船失火，属于失控船"。法官说："有证据证明，你们没有显示失控信号灯，应当履行避让义务。"

知识扩展：

关于船舶，避碰规则中的船舶不同于我国《海商法》中的船舶。避碰规则中的船舶包括了航行于江、河、湖、海上的一切船舶。而我国《海商法》中的船舶，相比之下则是一个狭义的概念。我国《海商法》第三条规定："本法所称船舶，是指海船和其他海上移动式装置，但是用于军事的、政府公务的船舶和20总吨以下的小型船艇除外。"

操纵能力受到限制的船舶

——享有被让路权利的作业船

谁是直航船？谁是让路船？这是海事法官裁判承担责任大小的重要因素。

《1972 年国际海上避碰规则》第三条规定，"操纵能力受到限制的船舶（以下简称操限船）"是指由于其工作性质，按照规则的规定进行操纵的能力受到限制，因而不能给他船让路的船舶。因此，它是法定的可以不给他船让路的直航船。

就船舶之间避让责任而言，它和失控船具有同等的权利与义务。然而，在定义上，两类船却有较大的不同。

在海上，怎样提醒他船本船是操限船呢？

在夜间，在最易见处，显示垂直三盏环照灯，最上和最下者应是红色，中间一盏应是白色，此三盏灯的间距相当，50 米以上船舶灯的能见距离为大于 3 海里；在白天，在最易见处，垂直悬挂三个号型，最上和最下者应是球体，中间夹一个菱形体。球体的直径应不小于 0.6 米，菱形体的尺寸是圆锥体的底部直径不小于 0.6 米，号型间的垂直距离不得小于 1.5 米，如图 1-15 所示。

根据避碰规则的定义，操限船是由其"工作性质"决定的。

所谓"工作性质"，是就某船所从事的海上作业而言的。通常情况下，就工作范围而论，避碰规则用列举式给出了从事敷设、疏浚、补给、扫雷等六种从事各种作业的船舶。

但随着科技的发展，以及对海洋的进一步开发利用，各种海上作业类型船舶的出现，将可能使其范围进一步扩大。这就是避碰规则在第三条中引用了"应包括，但不限于下列船舶"规定的潜在模糊含义，说明规则制定者具有前瞻性。

所谓"不能给他船让路"，是指该船无法履行避碰规则规定的给他船让路的责任与义务。在这方面，操限船与失控船并无不同之处，这就是避碰规则在确定船舶之间责任时，把操纵能力受限船与失控船并列为同一等级的理由所在。

（a）操限船夜间显示的号灯示意图（右视图）

（b）操限船在白天悬挂的号型示意图

（c）一艘航标工程船正在航标施工作业

图1-15　操限船

在规定上，两者有何不同呢？失去控制的船舶是指由于某种异常情况，不能履行避碰规则各条的规定进行操纵，因而不能给他船让路的船舶；操纵能力受到限制的船舶是指由于工作的性质，使其按照避碰规则授予的权利，不给他船让路。

知识扩展：

没有撞到他船需要承担责任吗？船舶操纵不当或者未遵守避碰规则或航行安全规定，虽然实际上没有发生船体接触或触碰，但如果使他船的船上人员、货物或者其他财产遭受损失，也适用船舶碰撞的规定。我国《海商法》第一百七十条规定："船舶因操纵不当或者不遵守航行规章，虽然实际上没有同其他船舶发生碰撞，但是使其他船舶以及船上的人员、货物或者其他财产遭受损失的，适用本章的规定。"

谈限于吃水的船舶

首先，让我们看看有经验的专家是怎样理解"限于吃水的船舶"这一概念的。

一位在大型油船上当了 18 年船长的老严同志，大连海运学院驾驶专业 82 级毕业。他是一位优秀的船长，勇敢、沉着、冷静。只要他笑起来，在场的船员就会跟着笑起来。

老严船长所理解的"限于吃水的船舶"是这样的："尽管船舶吃水很大，航行到一个水域，可以轻松地转向驶离航向，这不算是限于吃水的船舶。相反，该船吃水并不太大，驶进水域也很开阔，但是一变向驶离拟定的航向，就满足不了本船的吃水要求，这就算是限于吃水的船舶，航行时就要显示规定的号灯或号型，这样才享有不让他船的权利。"

决定船舶是否限于吃水的因素，不仅有水的深度，还有可航水域的宽度。在确定限于吃水问题时，一定要考虑到适度的船舶富余水深对于船舶操纵性以及船舶驶离其航向能力的影响。

老严船长还讲道："记得刚任船长那阵子，总是谨小慎微，但有一次还是出错了。"一油船满载 7 万吨的石油，目的港是香港青衣码头，如图 1-16 所示。下午 3 点 15 分，油船驶进了伶仃洋水域，右前方来了一艘交叉相遇的杂货船，他船是直航船，本船是让路船。二副满不在乎地右转向，这时候声呐测深仪发出蜂鸣声，富余水深 0.5 米，船长大吃一惊，立即命令回舵、左满舵、停车，总算使船又回到原航向上，采用减速措施让过了他船，有惊无险。事后船长批评了值班驾驶员，因本船属于限于吃水的船舶，应当及时悬挂规定的号型。

其次，避碰规则是如何定义的呢？根据避碰规则的定义，"限于吃水的船舶"是指由于吃水与可航水域的可用水深和宽度的关系，致使其驶离航向的能力严重地受到限制的机动船。

图1-16　油船在香港青衣码头卸货

再次，"限于吃水的船舶"是如何提醒他船本船是限于吃水船的呢？规则明确规定，在夜间，在最易见处垂直显示三盏环照红灯；在白天，在最易见处悬挂一个黑色圆柱体，圆柱体的直径至少为0.6米，圆柱体的高度应当大于两倍的直径，如图1-17所示。

如果限于吃水的大型船舶未显示这种信号，规则给予这类大型深吃水船舶的权利就自动放弃了。

不难看出，避碰规则在第三条中规定了船舶的吃水与可航水域的水深与宽度的关系，而并非其他情形。

总之，在确定一艘船是否"限于吃水"时，考虑的主要因素是可航水域的宽度或可供回转的水域，而不是龙骨下的水深。即使一艘超大型的船舶在浅水中以小量的富余水深行驶，其旋回性能也会受到严重的影响，然而，却有足够的水域（一般至少可容纳该船的一个旋回圈）采取避让行动，则该船就不能视为一艘限于吃水的船舶。

（a）限于吃水的船舶应显示的号灯和号型示意图

（b）一艘限于吃水的大型集装箱船，白天正在通过狭水道

图1-17　限于吃水的船舶

最后，它和其他船舶之间的行动责任是怎么样的呢？除狭水道、分道通航制和追越另有规定外，除失去控制的船舶或操纵能力受到限制的船舶之外的任何船舶，如当时环境许可，应当避免妨碍限于吃水船舶的安全通行。而限于吃水的船

舶应注意到其特殊条件，要特别谨慎地驾驶。

限于吃水的船舶还必须是一艘"机动船"。如果一艘大型的重载帆船行驶于浅水之中，即使其驶离航向的能力严重地受到限制，也不能视为一艘限于吃水的船舶。

一艘满载的超大型船舶，即使航行在交通拥挤的水域或者分道通航制区域，只要其两侧的水深足以使之转向，也不能自以为是地显示限于吃水的信号，这也是避碰规则不允许的。

随着科学技术的发展和造船材料的精益求精，船舶越造越大。在20世纪50年代，1万载重吨的船就可称为"万吨巨轮"，而2000年年末世界上拥有10万载重吨的超大型油船（VLCC）数百艘。目前最大的散货船为60万载重吨。集装箱船近年来也造得越来越大，从6000标准箱和8000标准箱的集装箱船使用，到10000标准箱的集装箱船的营运，甚至达到24000标准箱。

如图1-18所示，一艘10万吨的邮轮有18层甲板，总面积超过20万平方米，相当于30个标准足球场的大小。当该轮驶进水深受限海域，驶离航向是件不容易的事。

随着船舶的大型化，狭水道中航行的船舶，悬挂一个黑色圆柱体的轮船会越来越多。如果按现行的避碰规则要求，

图1-18 一艘10万吨的邮轮

60厘米直径的圆柱体悬挂在超大型船上，就像一只小麻雀，有些难以辨认。

航海上有个谚语，"让超大型船舶转弯"，形容一件事情很难实现。想要知己知彼，有条不紊，就需要多些认知。为什么说认知很重要呢？因为它可以帮助我们更好地看清自己。多一点怀疑精神，多问问为什么。在你要避让转向的那一刻，一定要拿起望远镜再望一望。

知识链接:

1.集装箱船的分类

(1)支线集装箱船

此类集装箱船为小型集装箱船,专门用于小型港口、集散港与主要大型港口之间的集装箱运输。对于有些不适于较大型集装箱船服务用途的情况,一般也选择采用支线集装箱船。

支线集装箱船有的配有货物装卸设备。此类集装箱船的运力一般为200~2000标准箱。

(2)巴拿马型集装箱船

此类集装箱船的最大尺寸受限于巴拿马运河的通航条件(294米×32.2米),其运力为4500~5000标准箱。

(3)超巴拿马型集装箱船

此类集装箱船的尺寸超过巴拿马运河的通航条件。其运力为5000~8000标准箱。

(4)大型集装箱船

此类集装箱船的船长为300米及以上。其运力为8000~10000标准箱。

(5)超大型集装箱船

此类集装箱船包含所有运力达到10000标准箱以上的集装箱船。2013年新一代超大型集装箱船已经交付使用。此类集装箱船的船长、船宽约为400米×59米。其运力达到18000标准箱,实际运力为20000标准箱,或者更多一些。为了降低燃油成本,船速不高,大约为23节。

2.集装箱的尺寸

国际标准组织(ISO)规定了TEU和FEU两种集装箱的尺寸。TEU,即20英尺标准箱,其公称长度为20英尺(6.1米),但实际长度要小1.5英寸(38毫米),以便在两个箱子之间留下空隙;FEU,即40英尺标准箱,其公称长度为40英尺(12.2米)。

你了解"船舶在航"是怎么定义的吗？

《1972年国际海上避碰规则》第三条，把船舶的状态分为在航、锚泊、系岸或搁浅四种。

那我们怎样理解"船舶在航"呢？要理论联系实际进行分析。在航指的是船舶不在锚泊、系岸或搁浅状态。在航又包括对水移动以及不对水移动两种状态。

在航对水移动是指船舶在主机动力连接的推进器的驱动下、在水面的移动状态以及船舶停车后在惯性力的作用下在水面的移动状态；在航不对水移动是指船舶不使用推进器而漂浮在水面上，包括该船在风、流的作用下向下漂移的状态。

（a）长度大于等于50米的在航机动船夜间航行正视示意图

在大海上，晚间如何辨认在航船舶呢？使用各种信号灯。各种类型的船舶使用不同的航行灯，以示区别。其中，在航机动船，若船长大于等于50米，在夜间航行时应当显示：在前部一盏白色桅灯，第二盏白色后桅灯，后于并高于前桅灯；若船长小于50米，可以不安装后桅灯，只显示一盏桅灯，两盏左红右绿的舷灯，一盏白色的尾灯，如图1-19所示。要进港时引

（b）长度小于50米的在航机动船夜间航行正视示意图

图1-19　在航机动船

航员上船，没有靠好码头时，仍然属于在航船，如图1-20所示。

图1-20　要进港时引航员上船，没有靠好码头时，仍然属于在航船

值班驾驶员要将打开和关闭信号灯的时间，记入航海日志。

系岸是指船舶依靠缆绳系牢于泊位状态。法官裁判时认定，从靠泊时第一根缆绳上缆桩开始到离泊时最后一根缆绳解清为止之间的状态为系岸。

搁浅是指船舶的全部或者部分搁置在浅滩上。经保险公司认定，丧失全部或部分浮力而无法漂移或者航行。搁浅船即使在主机驱动下可以局部移动或者转动，也认定为处于搁浅状态。

锚泊是指船舶抛锚时锚牢固地抓住海底的状态。法官裁决时认定，船舶从抛下锚后锚稳定抓住海底开始至起锚时锚离开海底之间这段时间为锚泊状态。

大连海事大学吴兆麟教授认为：系靠在另一锚泊船上视为锚泊；系靠在另一系岸船上视为系岸；由于某种原因走锚了，属于在航；在航时操纵船舶用锚，如拖锚航行或拖锚调头，均视为在航而不是锚泊。

总而言之，"在航"不能单从词义上去看，它不一定是在大海上乘风破浪航行。如果一船在水中向前、向后运动，停车漂泊，甚至拖着锚靠码头或调头，都属于在航状态。

一言以蔽之，只要船舶不在锚泊、系岸或搁浅状态，都应算在航状态。海事法官在裁判时也是这样认定的。

世界上的很多事情并非双眼所见，要分析后再下结论。

"学术、知识不能只是在嘴上，要联系实际，做到知行合一、格物致知、学以致用。所以，我后来看书很注意联系实际。"

这是2018年5月2日，习近平总书记在北京大学考察时，与青年学生分享读书心得时的讲话。

"互见"不代表一定互相看见

如图1-21所示，这是在外派船上工作的三副发给我的一段微信："任老师，您好！上午8点我当班，这时候，太阳公公东看看、西碰碰，终于在云朵的包围中找到了缝隙，兴奋地逃了出来。霎时，太阳的光芒就像一把利剑划破了天空。此时的云朵是雪白雪白的，好像绵羊的绒毛。阳光浸在水里，把海面照得波光粼粼，无比美丽。我拿起望远镜向前方望去，看到了一艘满载的集装箱船，顿感心情愉悦，因为在太平洋上航行已经两天没有见到其他船了。同时，我想起了学院教避碰课的老师讲的'互见'，那时似懂非懂，今天似乎懂了。"

图1-21　互见中的船舶——迎着朝霞航行

《1972年国际海上避碰规则》第三条第11款规定："只有当两船中的一船能

自他船以视觉看到时，才应认为两船是在互见中。"实践中，在大多数情况下，一船驾驶员用肉眼看见他船，他船也能看到本船，就称为互见。规则本意，只要一船看见另一艘船时，可以认为两船已经处于互见中。

避碰规则中的"互见"并不是代表互相看见。按照规则的定义，能够自他船以视觉看到本船时，则认为两船已经处于互见中。在规则中的术语是"视觉看到"，显然"视觉看到"是指以具有正常视力的肉眼看到他船的船体或灯光。

在法官眼里，互见不是以"相互可见"为依据，只要一船驾驶员能用视觉看到另一艘船，就可以认定两船处于互见中。从实际情况来看，两船相互用视觉看见一定构成了"互见"，但处于互见的两船并不一定已经相互看到。

确定彼此存在的情况，哪些不属于互见中呢？

互见的标准是能用视觉看清他船的号灯、号型或者能够确定他船的状态以及两船的会遇趋势。互见的"见"是指以视觉看到，所以两船通过雷达、卫星通信、高频电话和船舶自动识别系统（AIS）等确认彼此的存在都不能算在互见之中。即便两船在能见度不良的水域中已接近到能用眼睛发现他船的模糊轮廓，然而尚无法判断其首尾或其动向时，也不得作为业已处于互见中。

互见存在于任何能见度情况，不管当时能见度如何，只要一船驾驶员能用视觉看到他船，即可认为两船已经处于互见中。即使在能见度不良的水域中，两船也可能在相互接近的过程中形成互见，但在这种情况下，应知道能见度不良时的行动规范在此之前已经适用。

由此可见：真正的"耳聪"能听到心声，真正的"目明"能透视心灵。看到，不等于可见；看见，不等于看清；看清，也不等于看懂；看懂，也不等于看真。

怎样理解"能见度不良"？

有一天，一位水手问新任船长："在船上您最讨厌什么情况？"船长沉思了一会儿说道："能见度不良天气。"

何谓能见度不良？《1972年国际海上避碰规则》第三条第12款中的"能见度不良"一词，其英文版原文是"restricted visibility"，应直译为"受限制的能见度"。

目前，在中文版的避碰规则中，均采用"能见度不良"一词。按气象学中关于能见度等级划分的标准，"能见度不良"是指视程低于2海里。能见度低于1海里时的海面状况如图1-22所示。

图1-22　能见度低于1海里时的海面状况

但避碰规则并未对"受限制的能见度"做出定量化的规定，因而，对引用"能见度不良"这一专业术语是否妥当，也值得探讨。

避碰规则列举了各种各样导致能见度受到限制的因素：雾、霾、下雪、暴风雨、沙暴或任何其他类似原因。

所谓的"任何其他类似原因"，通常是指来自本船、他船或岸上的烟雾，以及冷空气带来的尘暴等。

由于避碰规则中未提及大、中、小雨也可能给能见度带来一定的限制，因而，有人认为"大、中、小雨使能见度受到限制的情况不在此列"的观点，似乎也欠妥。

虽然避碰规则并未对"受限制的能见度"做出定量的规定，然而，在理解时，尤其在实际运用"能见度不良"的有关条款时，采用某一个"量"的规定是必要的，尤其是对从事船舶操纵的人员来讲，具有积极的指导意义。否则，势必造成各船在执行与遵守"船舶在能见度不良时的行动规则"以及"能见度不良时使用的声号"规定的不一致。

目前在给予"能见度不良"量化这一问题上，国内外的专家或海员持有多种观点。例如：一是政府间海事协商组织（简称"海协"）修订避碰规则工作小组组长曼森，他在1972年答复英国气象局一位专家（这位专家在讨论1972年规则草案的会议上提议"给能见度不良予以量化的定义"）时指出：这明显是不可能的，如果海员看不见他们能知道其距离的目标，他们怎能测量能见度？目前，海员只能依赖天气预报或依靠自己的估计；二是以气象学中的"能见度等级划分标准"作为受限的能见度的确定依据，即视程低于2海里即为"能见度不良"；三是根据避碰规则实际运用，建议将船舶长为50米及以上的船的舷灯最低能见距离或200米以上的船舶的雾号可听距离3海里或2海里作为能见度不良的定量标准等。可见，能见度不良不是黑白分明的事实，也不是一个纯粹标准的分界线，而是一个可以人为改变的说法。

尽管在这一问题上存在上述种种不同的观点，然而，一般认为，当能见度低于5海里时属于能见度不良。由于雾号的可听距离为2海里，船舶通常在能见度下降到2~3海里时就鸣放雾号并备车，如图1-23所示。这一数字已被广大船舶驾驶员所接受，并且在船舶碰撞的司法实践中也被采纳。

图1-23　能见度不良时，航行中的船舶应以每次不超过2分钟的间隔鸣放一长声汽笛

锚泊的船舶，你真的了解吗？

　　我们先来说说什么是船的锚。一艘10万吨船舶的锚重25吨左右，锚是十分重要的设备。我的同学周船长说，他做了22年船长，最不光彩的事，就是丢锚。1991年夏天的一天，船在大连港锚地抛锚，周船长突然接到公司和港方紧急通电："起锚到大连港外锚地避台。"接到通电后，我们立即拔锚顶风迎接台风的到来。经过全体船员的艰苦奋斗，扛过了超强台风"弼马温"。台风过后再想去抛锚，发现右锚丢了，但是怎么丢的却不知道，公司给了个警告处分。

　　锚是船舶锚泊设备的主要部件。锚是指能够抓入海底泥沙的钢铁结构物。古代的锚曾经是一块大石头，或是装满石头的篓筐，叫作"碇"。碇石用绳拴住沉入水底，依其重量使船停泊。锚泊时，锚的抓力与卧底锚链的抓力构成了锚泊力，以抵御风、流等对船舶的作用，如图1-24所示。

　　船舶抛锚的时候，用锚来抓住水底以确定船的位置。水面有涨落潮，风向也会改变，海流大小、方向经常变化，但不管怎样，锚的位置是固定的，船只能围着锚位转动。

　　航海上为何要抛锚？船舶抛锚有下列三种情况：一是当船舶没有空的码头泊位可用时，船舶要在港口外等待；二是当港口暂时或者较长时间无泊位时，用驳船装卸货物；三是紧急情况下避免船舶搁浅等。

　　一艘船只有当锚已经抛

图1-24　船的锚

下，并且业已抓牢时，才能被认为是在锚泊中。法官判案时认为，只要锚一落下抓住了海底，船舶就算锚泊了。起锚时，若锚还未离开海底，则船舶仍然处于锚泊状态。

锚泊时船应履行的一项主要义务就是显示规定的号灯和悬挂规定的号型。关闭号灯，摘挂锚球后，值班驾驶员将其记入航海日志。

《1972年国际海上避碰规则》规定，长度大于等于50米的船舶锚泊时应显示的号灯或者号型：在夜间，在船的前部应显示一盏环照白色灯，在尾部或接近尾部，应显示一盏环照白色灯，还要全部打开船上的工作灯或甲板照明灯；在白天，在船的前部，应悬挂一只黑色球形体，如图1-25所示。

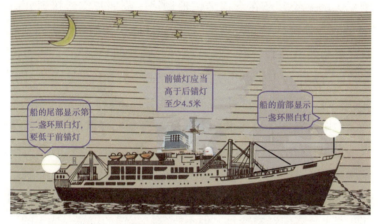

（a）夜间，长度50米以上船抛锚，显示的号灯示意图

（b）日间，船舶抛锚，应当悬挂的号型示意图

图1-25　船舶抛锚时显示的号灯和悬挂的号型示意图

锚这个东西，在我看来十分重要，它可以上下兼容，把上面的大船抓得紧紧的；它还可以左右调节，在风、流的作用下，船能够以它为圆心随意转动，真可谓"左右逢源"。

知识扩展：

为了船舶安全，船舶抛锚时要注意船在随风、流的作用下的摆动圈不能到达浅滩或者碰撞其他危险物。单船抛锚时，它的摆动圈半径大于船舶长度加锚链的长度再加附加安全长度（通常是锚链长度）。例如，某船舶长300米，锚链长275米，附加安全长度为275米，船的安全摆动圆圈半径至少为850米，如图1-26所示。

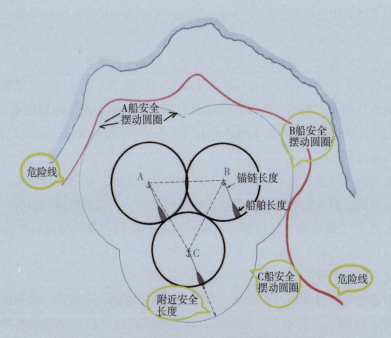

图1-26 船舶抛锚后的安全摆动圆圈示意图

在锚地有多艘船抛锚时，要注意的是，船与船之间的摆动圈不能有重合，避免船舶之间在摆动时发生碰撞事故。

你了解船舶的丈量尺度吗？

"尺有所短，寸有所长。"《1972年国际海上避碰规则》第三条第10款提到的船舶尺度应指船舶的实际最大尺度。

船舶主要尺度为长、宽、深，单位有公制或者英制，我国现在以米制为单位。

根据不同的用途，船舶尺度可分为最大尺度、船型尺度、登记尺度三种。

首先，最大尺度。

这是在避碰规则中提到的船舶最大尺度。它有什么用呢？

从船舶安全的角度讲，主要用作船舶确定停靠泊位、进船坞、过船闸、过桥梁、进航道等的参考数据。例如，某船要过基尔运河的船闸，而船最宽为50米，能否顺利过去呢？这就要提前查阅基尔运河船闸容许的船的宽度，如果大于50米，那就可以通过。

船舶的最大尺度，其中包括全长、全宽和最大高度，如图1-27所示。

一是全长，也称船舶总长，是指从船首的最前一点量到船尾的最后一点之间的水平距离；二是全宽，是指船壳两舷外缘之间横向的最大宽度；三是最大高度，是指从船底龙骨的最下缘量至最高大桅杆顶的垂直距离。

其次，船型尺度。

船型是船舶在运输中计算干舷、稳性、吃水差等的主要数据，包括型长、型宽和型深，如图1-27所示。一是型长，或称垂线间长（L），是指船舶在夏季载重线处的长度，由艏柱前缘量到艉柱后缘的水平距离，无艉柱的量至舵杆中心；二是型宽（B），是指由一舷的肋骨型线量到另一舷肋骨型线的最大水平距离，一般是从船舶型长的中点处量；三是型深（D），是指船舶型长中点处，沿船侧由平板龙骨上缘量到干舷甲板（上甲板）下缘的垂直距离。

再次，登记尺度。

船舶的登记尺度有何用呢？或者说什么时间派上用场呢？船舶建好后，要到政府有关机关登记，需要这些数据。

登记尺度主要是根据《1969 年国际船舶吨位丈量公约》的规定，表明该船舶的大小，如图 1-27 所示。

登记尺度主要用来计算船舶的总吨位和净吨位，包括登记长度、登记宽度和登记深度。该尺度载明在船舶吨位证书上，称为主要尺度。其中，登记长度，是指水线总长度的 96%，该水线位于自龙骨上面量得的最小型深的 85% 处，或者是指该水线从艏柱前面量到上舵杆中心的长度，两者取其较大者，如船舶设计具有倾斜龙骨，作为测量本长度的水线应平行于设计水线；登记宽度，是指船舶的最大宽度，对金属壳板的船，其宽度是从船长中点处量到两舷的肋骨型线，对其他材料壳板的船，其宽度是从船长中点处量到船体外面；登记深度，是指从龙骨上面量到船舷处上甲板下面的垂直距离。

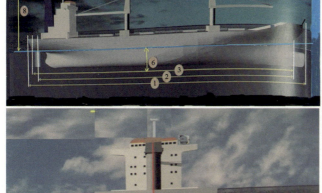

①总长；
②垂线间长；
③船舶浮于水中的水线长；
④全宽；
⑤型深；
⑥船舶吃水；
⑦干舷高度；
⑧净空高度=最大高度-吃水

图1-27　船舶尺度示意图

一张图相当于许多文字，对于这种物体型数据尺寸的描述，图示是最好的方式。

你知道船舶旋回圈吗?

在船舶避让过程中,经常采用转向和减速的避让措施。所以,这里谈一下船舶运动基本性能。

首先,什么是旋回圈?其通常是指全速前进的船舶满舵后转向,其重心所描绘的轨迹,也称为该速度和舵角的旋回圈,如图1-28所示。

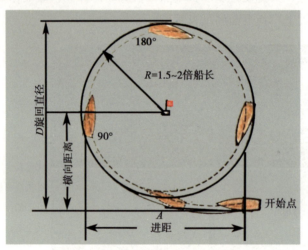

图1-28 船的旋回圈示意图

舵的形状与大小因船舶的用途而不同。但是,同类型的船舶,有好用的舵也有不好用的舵,不仅在于操舵仪器及其他设备的精度,而且还要看船体形状、螺旋桨与舵的相对位置、舵本身的重心位置以及平衡状况等。

旋回圈的大小是通过旋回试验获得的。船在海上试航时,以某一浮标为圆心,一边绕其旋回,一边从船的两点测定与浮标的距离和角度,目前也可以使用差分GPS直接测定。船从开始转舵的位置到船改变航向90°的位置时所前进的距离A叫作进距,将船旋回到180°位置时的距离D叫作旋回直径。

通常,旋回直径D为船长的3.5~4倍。一般左旋回直径比右旋回直径大些。

可见，正常航行的船舶，若打满舵转向，船需要继续前进一定距离才改变方向。

其次，船舶冲程。它分为停车冲程和倒车冲程。

全速前进的船舶，驾驶台发出停车命令，到主机的转速降至完全停住需要一个过程。停车冲程就是船舶从发出停车命令到船完全停住所向前继续航行的距离。

在紧急停车时，为缩短冲程，需要采取倒车制动。前进中船舶由进车改为倒车，主机需要换向，一般需要较长时间。从"前进三"到"后退三"所需的时间，内燃机一般需要1.5~2分钟。全速前进中的船舶，驾驶员从发出"后退三"的车令到船完全停住，船舶前进的距离称为倒车冲程。

一般货船的倒车冲程可达6~8倍船长，10万吨的船舶的倒车冲程可达10~13倍船长，2000~3000米长。由此可见，正常航行中的船舶要停住是件不容易的事。

驾驶员一定要熟悉本船的机和舵的性能，否则在出现紧迫局面时就会手忙脚乱。

知识扩展：

在海洋上航行的船舶，为何要配置备用舵？

海洋由于受地球自转和太阳热辐射的影响而产生海流。在赤道附近的海流大体上是从东向西流动。但是，太平洋和印度洋在赤道以北的海域也有逆流，称为赤道对流。另外，在深海海域，寒流从北极和南极各自沿着大陆架从西向东流动。

在海面附近，由于太阳、月亮和地球相对引力的关系而出现涨潮与落潮，也就是潮汐现象。不仅如此，根据海上气象的变化，当低气压与风的影响重叠在一起时，还会发生错综复杂的波浪和涌。

在上述如此繁杂的因素混在一起的一望无际的海洋里，为了最有效率地航行，保持正确的航向，舵是非常重要的船舶设备。操舵系统如果发生故障，船就难以航行，只能随波逐流。因此，现代远洋轮船按照规定必须配置备用舵。

你知道船舶靠泊时留人值班的由来吗？
——韩德裁判数学公式

题外之话，题中之义。传说，很早之前，船舶靠泊或者锚泊后，船上是不留人值班的。原因是，出一次海或者是一个航次，少说十天半个月，甚至几个月在海上漂荡，在大洋中连只鸟都看不见。船员一到码头就急匆匆下船（船员称其为"下地"），有家的回家，没家的也找地方去放松一下。船公司也不要求船员值班，所以船上没有人值班，当然谁也不乐意值班。船员对"下地"的渴望，没做过船员的人无法理解。但是，在美国发生一桩诉讼案后，这个习惯做法就改变了。

1947年8月，美国政府诉罗尔拖船公司案。在这个案件中，有一艘名叫"C"的驳船。当时驳船上装载了一整船的面粉，旁靠他船，绑在一起系在码头缆桩上。这时罗尔拖船公司，为了拖走跟驳船"C"绑在一起的另一艘船，就解开了缆绳，但是船员没有把缆绳重新绑好，驳船"C"就顺水随风飘离了码头。

当然，罗尔拖船公司的人并没有发现这一点，他们拖着自己需要拖的船驶离了海港。驳船"C"一点一点地漂流，与驶来的一艘油船相撞了，而粗心的油船船长也没有发现撞坏了驳船"C"。过去20个小时后，驳船"C"沉没了。于是就发生了美国政府状告罗尔拖船公司，要求其赔偿驳船上装的1000吨面粉一案。

这个案子到了一个叫韩德法官的手里。他发现，这个案子很有趣。最早的肇事者是罗尔拖船公司，他们解开缆绳后没有再系上，让驳船"C"漂移了，但对驳船"C"造成致命伤害的是油船，因为是油船撞坏了驳船"C"。这个经济损失应当由谁来承担呢？显然罗尔拖船公司是有责任的，那么油船有责任吗？驳船"C"有责任吗？谁的责任最大呢？一系列问号在法官大脑里产生。

造成损失的整个过程是环环相扣的。到底责任在谁呢？这时，韩德法官经过认真思考后，提出来一个著名的"韩德公式"。他说，在系满了船的码头上，任何一艘船都有可能系泊缆绳或者锚链状况发生变化，甚至都有可能被松绑走缆或者丢船，都有可能碰到他船或者与他船相碰等，因而任何一位船长对于船系在码头上都有注意的义务，都有避免意外事故发生的义务。

船长在自己的船受到意外碰撞产生损失时，是否承担责任，则取决于这样三个要件：一是这艘船发生意外的可能性；二是这艘船发生意外的严重程度；三是为了避免意外事故发生所要付出的成本。

当船长避免事故所付出的成本低于意外发生的概率乘以意外发生以后产生的损失（预计的损失）时，船长就应承担责任。

韩德法官还把他的想法用数学公式表示了下来，他把避免意外的成本记作 B，把产生意外的概率记作 P，把意外产生的损失记作 L，那么船舶应承担责任的条件就是：$B<P×L$。这就是著名的韩德判案数学公式。

根据这个公式，韩德法官做出以下判决：船舶没有系好缆绳漂移被其他船碰撞的机会是有的，概率 P 肯定是大于零的，意外产生的损失 L 是巨大的，这两项相乘，预计的损失是很大的。而驳船"C"的船长只要派一个水手在船上，密切注视本船动态以及周围水域的情况，就可以减少损失，甚至完全避免损失，所以成本并不大。因此驳船"C"承担85%的责任；罗尔拖船公司承担10%的责任；油船承担5%的责任。

有意思的是，用量化的数学公式来裁判侵权责任，这就将经济学与侵权行为连在了一起。在整个案件中，驳船"C"似乎没有做错什么事，而被法官判定为"注意义务"的疏忽，并且承担主要责任。驳船"C"属于系岸船，"系靠于另一系岸船视为系岸船"。

该案例产生的后果：从此，凡是靠泊系岸船，一定要有人值班。值班制度从此也就建立了。锚泊的船也一样，值班时还必须执行避碰规则或者港章的一切规定。

第二章
行动与规范

谈船舶驾驶员的瞭望

"瞭望"一词，根据《辞海》的解释，即登高远望。极目远望，海天茫茫。如《三国演义》第四十四回，说孔明调兵遣将完毕，与刘备登高瞭望。

《1972年国际海上避碰规则》第五条对驾驶员的瞭望做了专门规定。瞭望真有那么重要吗？

首先，瞭望是驾驶员在航行值班中，为了安全航行而必须时刻注意的一项首要工作，如图2-1所示。瞭望一般是对航行区域的海面所有动态做到及时、细致的观察和了解。

研究表明，发生船舶碰撞的原因有很多，大多数是由人为的疏忽引起，只有极少数是由船舶设备或不可抗力的原因导致的。不言而喻，确保海上航行安全的首要因素，就是保持正规的瞭望。海上碰撞事故统计结果表明，无人瞭望或未能保持正规的瞭望，是导致碰撞事故的重要原因或主要原因。

图2-1　牢固树立忧患意识——瞭望是重要的工作

其次，视觉、听觉全方位，尽早判断有预防。在各国法院审理的船舶碰撞案件中，绝大多数的当事船舶几乎都被法院指责为犯有不同程度的瞭望过失。

为了履行这一责任，法律要求坚持不懈地注意和无休止地警惕。这一论述，充分体现了司法界对瞭望所持的态度，也明确地指出瞭望的重要性，同时告诫海员疏于瞭望将可能导致的严重后果以及将承担的法律责任。然而，遗憾的是，有相当一部分船长及驾驶员依然我行我素、不以为然，灾难性的碰撞事故仍在接二连三地发生。

1986年8月，大型豪华邮船"纳西莫夫海军上将"号与一货船相撞，造成客船沉入大海，398名旅客及船员遇难。这一惨案，其原因就是两船船长均疏于瞭望。

1996年1月23日，凌晨3点半，某教学轮行驶在鲨鱼嘴海域，东方露出鱼肚白。该船自动舵航行，航向183°，航速13.5节，天气晴朗。二副忙于下班，进了海图室定位和写航海日志，当班水手去交班未回。就在这时，突然，一条渔船就在不到1海里之处出现，二副从海图室出来，闭目了片刻，目的是尽快适应夜视。再揉揉眼睛一看，吓得目瞪口呆。"停车！"二副自己动手将自动舵改为手操舵后，来了个右满舵，他一手把舵，一手拉车钟，可是这些措施都无济于事，车和舵还没来得及起作用，"咣当"一声巨响，便把一条在航渔船撞沉了，造成4名渔民落水死亡的重大事故。悲剧本不该发生，开阔的水域，晴朗的天气，驾驶员又是高学历，但它还是发生了，原因就是麻痹大意、懈怠瞭望的态度！

因疏忽瞭望造成船舶碰撞的事故不胜枚举。不难设想，倘若在未能保持正规瞭望的前提下，又如何去决定所使用的航速是否安全，又怎样去判断是否存在碰撞危险？在没有发现他船的存在，又不知道是否存在碰撞危险的情况下，又何谈及早地采取避让行动？因而，保持正规瞭望是决定安全航速、判断碰撞危险、及早采取避让行动的先决条件。

最高院大法官大声疾呼："疏忽瞭望！各位船长、驾驶员们，每一船舶应经常用视觉、听觉以及适合当时环境和情况下一切有效的手段保持正规的瞭望，以便对局面和碰撞危险做出充分的估计。随着现代国际贸易的迅速发展，在广袤的海洋上，尽管贸易航线上各种用途的海船五彩缤纷，但还夹杂着诸多的渔船、小船，经常从你们船附近对驶而过。为了你和他人及财产的安全，希望你们把眼睛睁大！法律不会放过任何一个违法的人。"中远海运超大型集装箱船"双鱼座"

轮的严正平船长工作一丝不苟，认真瞭望，如图2-2所示。

图2-2　中远海运超大型集装箱船"双鱼座"轮的严正平船长工作一丝不苟，认真瞭望

　　最后，要正确处理瞭望中的三个关系。一是人与仪器的关系。毛泽东同志讲："武器是战争的重要的因素，但不是决定的因素，决定的因素是人不是物。"航海仪器再好，也要有人去掌握，不能代替人的作用。二是定位与避让的关系。对于定位与避让，要从当时当地的具体情况出发，分出轻重缓急，抓住主要矛盾。三是计划航线与实际航迹的关系。由于船舶受天气、风、流等自然条件和本船结构性能等影响，实际船位不大可能正好在计划航线上，有时甚至严重偏离航线，同一类型船舶偏左偏右也不一样。

　　海上的状况经常是瞬息万变的，碰撞危险越早发现越好。其方法之一就是瞭望。

知识链接：

　　中远海运"双鱼座"轮是目前国内最大箱位集装箱船之一，船长400米，型宽58.6米，型深30.7米，最大装箱量为19273标准箱，最大载重量达19.7万吨，设计航速22.5节，入级中国船级社。如果把集装箱排成一条直线的话，要排100多千米长。

　　该船具有装箱量大、油耗低、智能化程度高、适航性强等优势，船舶装载量、营运快速性和安全性能指标均属世界先进。船上预留有使用LNG燃料的装置系统，以满足特定航线大容量LNG燃料舱未来的改装需要。该船是新一代全生命周期"环境友好型"超大型集装箱船。中远海运"双鱼座"轮进港，如图2-3所示。

图2-3　中远海运"双鱼座"轮进港

谈瞭望适用于所有船舶

今天，2022年1月13日，北京，天气晴。可能是出于专业的灵感吧，我注意到新华社发的一篇报道："1月13日，意大利人举行活动，纪念大型邮轮'科斯塔·康科迪亚'号触礁搁浅十周年。"

十年前的今天，2012年1月13日的夜晚，发生了一起再次引起人们对海上安全航行重视的事故。"科斯塔·康科迪亚"号邮轮搭载4200多名乘客和船员，在意大利托斯卡纳大区吉利奥附近触礁并侧翻，导致32人丧生（如图2-4所示）。虽然船上救生艇足够全体乘客使用，但是由于船身严重倾斜，救生艇无法顺利下水，只能用直升机疏散部分乘客。

"科斯塔·康科迪亚"号邮轮全长290.2米，总吨位114147吨，是一艘巨大的豪华邮轮。在天气状况良好，而且是在每年经过52艘邮轮的观光线上发生这样的事故，简直令人难以想象。

图2-4 "科斯塔·康科迪亚"号邮轮发生触礁事故

"科斯塔·康科迪亚"号邮轮发生触礁事故的原因，据分析是驾驶员疏忽瞭望，在海流的作用下，使船偏离航线，靠近岸边太近所致。这艘大型邮轮出人意料的触礁事故，引发了业内专家学者对航行安全与驾驶员瞭望过错之间关系的思考和研究。

《1972年国际海上避碰规则》第五条关于瞭望的规定，适用于每一船舶，不管是机动船还是帆船，是大船还是小船，均应严格遵守值班驾驶员瞭望的规定。即使是一艘失去控制的船舶，或是操纵能力受到限制的船舶，或是锚泊中的船舶、搁浅的船舶，同样也负有遵守规则第五条规定的责任与义务。或许这些船舶在某种特定条件下，也可能对面临的一些危险或麻烦无能为力，但他能够做到而且也有责任做到保持良好的瞭望，在万一发生和正发生走锚时，可以迅速采取措施以制止走锚。可以说，瞭望是个精细活，如图2-5所示。

天上的风，海上的浪，一丝不苟，勤瞭望（无论跨过好望角、穿过百慕大、驶过比斯开湾，还是进入马六甲海峡、航行在中国南海……夜以继日驾航船，劈波斩浪云和月，顶天立地的中国航海船长）

图2-5　感动交通的钟文新船长在驾驶台值班瞭望

考虑到实际的情况，通常认为瞭望条款将不适用于"系岸中的船舶、系挂浮筒的船舶"。但应指出："系岸船、挂靠浮筒船"仍应坚持值班制度，密切注视本船动态以及周围水域的情况，防止意外事故的发生。

应特别指出的是，在开阔的洋面上，由于几天甚至十几天见不到一艘来船，也不大可能与他船构成碰撞危险，因而，在瞭望上往往会产生一些松懈、麻痹思想，但这些都要不得。就是在这种情况下，事故也时有发生。吴老师上课时经常告诫同学们："你的认真瞭望能保护一船的财产。但由于你瞭望的一时疏忽，船灭、人亡可能就在瞬间发生。"

这也让我想起了吴老师讲课时引用的一个故事。在20世纪90年代中期，某远洋公司的一艘船舶在从北美满载5万吨小麦返回日本的途中，由于当时缺少太平洋大比例尺海图，二副就把航线绘制在空白海图上。但他忘记了墨卡托海图正规绘制方法，将比例尺搞错了，竟然把航线绘制在岛礁上了。船长十分信任二副，没有仔细审核航线设计。二副和大副在凌晨3点45分交接班，而交接班时又很草率。凌晨4点10分，当驾助看到雷达显示岛屿图像后，立刻提醒大副。大副不以为然地说道："你雷达知识咋学的，一望无际的太平洋中部哪来的什么岛屿呢？雷达显示那只不过是一片低层积雨云，穿过云层就好了！"大副的话音刚落15分钟，船已经与岛屿边上的暗礁发生了碰触。结果，船舶在太平洋阿留申群岛的某岛屿触礁沉没，发生了不可思议的船舶"穿云而过"悲剧事故。

瞭望很简单吗？看似简单的事，但能把它做好就不简单。

谈瞭望的有效手段

《1972年国际海上避碰规则》第五条明确规定："每一船舶在任何时候用视觉、听觉以及适合当时环境和情况的一切可用手段保持正规的瞭望，以便对局面和避碰危险做出充分的估计。"

避碰规则要求驾驶员经常用视觉、听觉及其他如雷达、VHF（甚高频）、测深仪、罗经等一切可用手段进行瞭望。采用一切可用手段瞭望的目的是判断是否有碰撞危险，如图2-6所示。

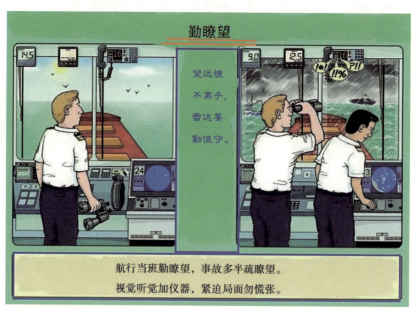

图2-6　驾驶员聚精会神瞭望示意图

首先，视觉是一种最基本也是最重要的瞭望手段。在任何能见度下放弃视觉的瞭望，将是一种严重违反避碰规则的行为。即使装配有现代化助航设备的船舶，视觉瞭望仍是一种最主要的基本手段。

在能见度良好的条件下，视觉瞭望比雷达或其他手段显得更为优越，其最大优点就在于简易、方便、直观，并能迅速地获得准确的信息，而且不受多方面因素的约束。

其次，听觉是瞭望的另一种基本手段。听觉虽然较视觉瞭望所及范围要小，然而，在能见度不良的情况下，尤其是在浓雾之中，其独特的优越性将明显地高于视觉瞭望。它可以在视觉无法察觉的情况下，首先获得他船鸣放的汽笛雾号，从而判断他船的大概方位及其动态与种类。

再次，一切有效的瞭望手段。除了视觉、听觉这两种最基本的手段之外，避碰规则还要求使用适合当时环境和情况下的一切有效的手段以保持正规的瞭望。所谓"一切有效的瞭望手段"（似乎译为"一切可用的瞭望手段"更妥），通常是指雷达、望远镜、通过船舶自动识别系统（AIS）获得他船的航行信息、船舶间VHF无线电通信、船舶与VTS中心的通信联系等现代化的瞭望手段。

航海雷达作为现代化船舶的必备装置，已被广泛地使用于导航与避让，不论是在能见度不良的水域中，还是在能见度良好的条件下，雷达已成为船长、驾驶员驾驶船舶的一种不可缺少的助航设备。其最大的优点就在于能获得整个海区的几乎所有船舶通航及分布的情况，尤其是能获得碰撞危险的早期警报。通过标绘或系统观察，还能正确地获悉相遇船舶的运动要素及其两船会遇情况。因而，航海雷达又被人们称为"海员的一只特殊眼睛"。对此，《1972年国际海上避碰规则》在第六条、第七条与第十九条中，也反复规定了雷达的使用问题。

海事法官认为，在环境需要使用雷达的情况下，船长没有理由可以不用这种助航仪器。这同不用海图、潮汐表、测深仪和罗经的道理一样。

望远镜是现代船舶必备的设备之一。其最大的优点在于能有效地发挥人类视觉的功能。使用望远镜瞭望，不但具有视觉瞭望的众多特点，最重要的是，能直观地、更早地获得碰撞危险的早期警报。这一优点，是雷达以及视觉所无可比拟的。正因为如此，望远镜被广泛地运用于军事以及航海。

驾驶员若未能使用望远镜，则必将被海事法官指责为一大过失。海事法官在审理碰撞案时，对未能使用望远镜进行瞭望的行为要给予严厉的指责。

VHF作为一种有效的瞭望手段，已越来越广泛地被海员所接受。由于VHF能在较远的距离上便于船舶间进行联系与沟通，并能迅速地获悉他船的所有信息

（包括船名、吨位、航向、航速以及当时所处位置等），以及能就如何避让达成一致的协议。因而，VHF不但是一种行之有效的瞭望手段，同时也是海上船舶间协调避让的一种重要方法。

总之，视觉、听觉、雷达、望远镜以及VHF等，无疑都是保持正规瞭望的有效手段。能否最大限度地发挥这些手段的优越性，将取决于船长、值班驾驶员以及瞭望人员的优良船艺和是否能根据当时的环境及其情况做出正确判断。

最后，结论是，根据上述各种手段所具有的不同特点予以合理地使用，并将它们有机地结合起来，从而形成一个科学的、有效的保持全方位的瞭望系统。采用这些手段瞭望的目的只有一个，就是判断是否有碰撞危险。这是避碰规则所规定的内涵。

说到视觉的重要性，它是基于现行的国际避碰规则而言的，但是随着生物技术和机器学习的不断进步和人工智能的应用，会改变我们所捕捉的信息、传达的信息以及最终对信息处理的结果。如果驾驶员在当班时佩戴上一种人工智能算法的眼镜，可以穿透一切浓雾等能见度不良状况，一定会胜过人类的肉眼视觉。

手段再多也不能代替工作的责任心，好的瞭望习惯是逐渐养成的。当一个人全身心地投入到本职工作中去，精益求精、聚精会神，可以造就一个人深沉厚重的性格。

新闻摘录：

青岛"4·27"船舶碰撞漏油污染事故调查报告发布，经济损失近40亿元！

据媒体报道，2021年4月27日8点51分时，"义海"轮由苏丹港开往青岛途中，与正在青岛朝连岛东南水域锚泊的"交响乐"轮发生

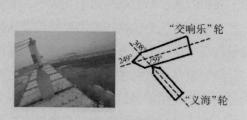

图2-7　两船碰撞夹角示意图

碰撞，如图2-7所示。该事故导致"义海"轮艏部受损，"交响乐"轮左舷第二货舱破损，约9400吨船载货油泄漏入海，造成海域污染，构成特别重大船舶污染事故。事故的主要原因之一是，没有保持正规瞭望。

谈航海雷达观测中的盲区

航海雷达是一种无线电助航设备。它的作用距离相对较远，显示直观，使用方便。雷达能够在白天、黑夜和天气不良的条件下，迅速而不间断地测得物标的距离和方位，探明周围的海岸、岛屿及船舶等分布情况和航道水面情况。因此，人们称航海雷达是驾驶员的"眼睛"。

首先，让我们看看雷达的基本原理。

你去过北京的天坛吗？那里有一座闻名中外的回音壁。这是古代劳动人民建造的一座圆形建筑物。无论你站在什么地方，只要你贴着这个墙壁，喊一下自己的名字，那么几秒钟后你会再次听到你的名字，而且这个声音还能够在圆形墙壁内久久回荡。

声音能够在这回音壁里回荡不已的奥秘在哪里呢？这是声波沿着这圆形壁来回反射的缘故。这是日常生活中人们早已熟知的简单常识。

许多复杂、现代的科学仪器正是根据这种普通常识的原理制造出来的。船上的雷达就是其中之一。雷达有一个能转动的天线。发射机发出的无线电波经过天线传播出去。航海雷达发射、反射的电磁波的频率大都在1000万千赫兹以上，波长是几厘米的微波，电磁波传播和遇到物标后反射的速度是一样的，每秒约30万千米。

雷达的测距原理跟蝙蝠的探测目标的方法相类似。不同的是，雷达发射的不是超声波，而是无线电脉冲波。雷达工作时，并不是无休止地连续发射电磁波。因为使用雷达的目的是要利用接收发射出去的碰到物标后反射回来的电磁波来测得物标的距离。

雷达在一秒钟内反射的电磁波有数千次，不过每两次反射就有一定的时间间隔。也就是说，前一次电磁波发射后，要等它传播到我们所要求的距离处，碰到物标如轮船、岛屿、灯塔后反射回来，我们称之为回波，如图2-8（a）所示，然后再发射第二次电磁波。

因此，我们只要知道电磁波往返于雷达天线与物标之间的时间Δt，就可以根据下式求出物标与雷达天线间的距离了。

$$d=C \cdot \Delta t/2$$

其中：d为船舶与物标之间的距离，C为电磁波的传播速度，为$3×10^8$米/秒。

当然，这些计算并不是像小学生那样在纸上进行，而是由雷达中专门的处理器的芯片来计算完成的。

在海上，雷达除了要测定灯塔、岛屿和船舶等的距离外，还要测定它们在本船的什么方向，也就是它们到本船的连线与本船的船舶首尾线之间的夹角是多少。雷达开机后，你可以在雷达荧光屏中心看到一个光点，这就是本船的位置，如图2-8（b）所示。正上方的亮线，代表船舶前进的方向，航海上称为船首线。此外，还有一条随着光点旋转的光亮线，叫作雷达扫描线。

雷达天线是在0°~360°的范围内旋转的，它发出的电磁波如同探照灯那样，是等间歇的，具有一定方向且很短促的一束波，每次发射的时间只有几分之一微秒。雷达在一秒钟内发射出去的电磁波有数百次之多。电磁波随着天线的旋转而在0°~360°的平面内扫描，如图2-8（b）所示。如当天线转到45°的方位时，电磁波正好遇到一艘船反射回来，那么在荧光屏上就会出现一光亮两点，同时就读出来船与本船船首线的夹角为45°。这样，就可以精确地知道本船距离来船多远和来船在哪个方位了。

(a)雷达原理示意图

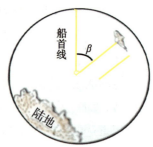

(b)雷达荧光屏示意图

图2-8　雷达原理及荧光屏示意图

其次，让我们看看什么是雷达的盲区。

在使用雷达瞭望时，也就是观测物标时，驾驶员应充分注意到雷达所存在的局限性以及最主要的条件限制之一是雷达的盲区。

我们来看一个故事，说的是：2001年9月，这是一个有雾霾的早晨，天空笼罩着灰色的"帷幔"，能见度不良（能见度约1海里）。一艘满载5800标准箱的集装箱船驶入长江口水域。早上4点半钟，大副和驾助当班，雷达开着，派出瞭头。这时瞭头突然高声通知大副，船头左侧有人呼救，马上停车，话音刚落，他立刻抛出救生圈，一阵忙乱，救上三人。救上船的三人脸色变得惨白，眼睛瞪得大大的。原来是大船的前左侧蹭上一条渔船，幸好没有人员伤亡。驾助感觉很委屈，心想："这是怎么回事？我很认真啊，为何从雷达荧光屏上没有发现这条小渔船呢？"大副看出来驾助的心思，说是小船进入了雷达的盲区。

何谓雷达盲区呢？盲区就是雷达波不能达到近的地方，类似于俗话说的"灯下黑"，如图2-9（a）所示。

使用雷达时，驾驶员一定要注意盲区。

最后，驾驶员要熟知雷达性能，掌握它的操作，了解它的缺陷，例如在雷达盲区外，还不能辨别烟雾等。对烟雾等雾气的识别还是要靠眼睛的，如图2-9（b）所示。

(a)大型集装箱船舶或者甲板货船的船首前存在"灯下黑"

（b）目前雷达技术还不能测得浓烟，只能用肉眼看

图2-9　雷达盲区及雷达技术缺陷

现代船舶最重要的瞭望手段之一

——船舶自动识别系统(AIS)

船舶自动识别系统(AIS)是工作在 VHF 波段的船载应答器，发送特定船舶及其操纵情况。它是一种新型的集网络技术、现代通信及导航技术、计算机技术、电子信息显示技术等为一体的数字助航系统和设备。

首先，看看 AIS 的基本架构。每部 AIS 至少有一部 VHF 发射机、两部接收机、一部 VHF DSC（数字式选择性呼叫）接收机和一套与船载显示器相连的数据信息系统。位置和时间信息由 GPS 等电子导航系统获得。航向和航速由陀螺罗经和计程仪获得。

AIS 系统由岸基台、船载台、转发台、助航台等组成。AIS 配合全球定位系统和陀螺罗经将船位、航向、船速、航迹向等航行相关动态信息和船名、识别码、船型、呼号等船舶静态资料，以及船舶吃水、目的港和所装货物种类等与安全有关的航程信息，通过甚高频（VHF）频道向附近水域船舶及岸台广播，使邻近船舶及岸台能及时掌握附近海面所有船舶之动态、静态信息，得以立刻互相通话协调，采取必要避让行动，对船舶航行安全有很大帮助，如图 2-10 所示。

例如，某船发出的信号一旦被他船或者岸站接收到，即被处理并将基本信息以符号的形式显示出来。然后可以查询符号，获得详细信息，如船名、吨位、吃水、货物、航向等。这就使驾驶员能够准确了解有碰撞危险的他船的情况，并可以呼叫它们，协调对遇、交叉相遇、追越等行动。

其次，看看 AIS 的应用。AIS 时时播发本船船名、呼号、航向、航速、船位等信息。每一艘船舶驾驶员应认真分析 AIS 所收到的信息，必要时可以根据 AIS 提供的信息进行呼叫沟通。因此，目前在船舶避让过程中，船舶的自动识别系统就派上了大用场。

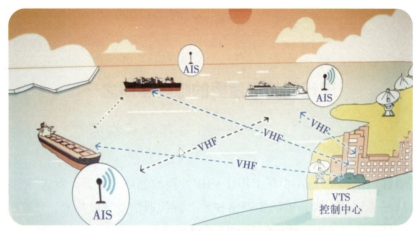

图2-10　基于网络技术的AIS基本原理示意图

　　这是因为，在繁忙的水域，船舶越来越多，经常会发生多艘船舶会遇且有碰撞危险的局面，而避碰规则仅规定了两船会遇有碰撞危险的避让，因此能否协调避让行动对于航行安全非常重要。为了保证船舶交通的安全性和高效率，船舶之间相互了解对方的动态和静态信息也是很有意义的。雷达曾是船舶用以掌握其他船舶的动态、静态信息的主要手段。但雷达不能识别船名，无法知晓他船的操船意图。

　　AIS每分钟至少可以处理超过2000份报告，每两分钟更新一次，旨在取代目前采用的以DSC为基础的应答系统。运行是自动而又连续的，能与工作距离内的其他船自动保持同步。因为频率是VHF，所以通信距离取决于天线高度。在海上，作用距离可达20海里。

　　最后，让我们再看看AIS还有哪些应用。《国际海上人命安全公约》(SOLAS)对船舶安装AIS提出了具体要求。从2002年7月1日起，新建造的300总吨以上船舶和所有客船必须安装AIS设备；原有的从事国际航行的300总吨以上船舶，最迟在2007年7月1日前安装AIS设备。1998年5月，IMO制定了基本的性能标准：一是在船对船模式下的运行以避碰；二是在船对岸模式下的运行以进行交流管理等。中国海事局具体制定对各类船舶安装的要求。

　　AIS系统在避碰中的应用主要有：利用AIS判断碰撞危险和会遇态势。AIS接收的数据和信息，可以克服雷达探测的某些局限性。例如：AIS与雷达的集成结合可以观察到小岛、弯曲水道背后的物标，能够显示靠近大船旁的小船的位置等；AIS系统与雷达目标位置进行数据处理，利用电子海图提供的水深、可航水域等航行大数据信息；还可以利用AIS系统协调船舶之间避让行动等，极大地促进了船舶的航行安全。船舶自动识别系统（AIS），航海人称它为驾驶员的"千里眼"，它是航海发展史上的里程碑意义的进步，如图2-11所示。

图2-11　AIS的显示屏幕示意图（图片来源：董老师）

随着人工智能（AI）、云计算、大数据、全球卫星定位、卫星通信和元宇宙的广泛应用，万物互联网技术以及6G技术的发展与进步，特别是更先进的全球海上遇险与安全系统（GMDSS）现代化技术升级，真正具备覆盖全球能力的海上移动卫星通信技术的智能化发展，新型的更加智慧的AIS系统将会问世。AIS在航海活动中将发挥出更加独特的作用。

谈船舶航行的安全航速

《1972年国际海上避碰规则》第六条规定了安全航速。什么是安全航速呢？顾名思义，就是船舶航行时安全的速度。每一艘船在任何时候、任何情况下都应以安全航速行驶，不论是白天还是黑夜，是互见中还是能见度不良时，是开阔水域还是限制水域。

《1972年国际海上避碰规则》第六条中的"每一船舶"包括限于吃水的船舶和操纵能力受到限制的船舶，失去控制的船舶也应尽可能采用安全航速行驶，如图2-12所示。

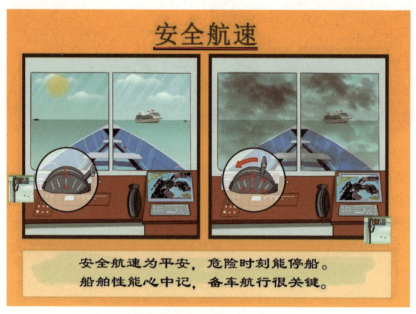

图2-12 安全航速为平安，危险时刻能停船

根据《1972年国际海上避碰规则》第六条第1款的规定，对安全航速有明确的定义，即安全航速是指能采取适当而有效的避碰行动，并能在适合当时环境和

情况的距离以内把船停住的最佳速度。

一是能采取适当而有效的避让行动。所谓"适当而有效的避让行动",是指所采取的避让行动适合当时的环境和情况,并且这种避让行动能产生其应有的效果。二是能在适合当时环境和情况的距离以内把船停住。减速、停船是避免船舶碰撞的有效措施之一。在已发生的很多碰撞事故中,船舶驾驶员在发生碰撞前都采取了停车、倒车的避让行动,但仍然未能避免事故发生,其中主要原因就是船速高。速度太高不行,速度太低致使失去舵效,同样不能采取适当而有效的避让行动,也不是安全航速。三是减速避让与全速前进问题。尽管减速避让常常是采取避让行动的有效措施,但全速前进也不一定不符合安全航速的规定。

对于安全航速的另一种解释是,应是允许有充足时间采取有效行动避免碰撞的船速。为了防患于未然,方法之一就是放慢船速。

让我们看一个案例。2000年9月20日,船长为118米的"H"轮与船长为288米、满载5060标准箱的集装箱船"A"轮在厦门湾青屿深水航道上发生碰撞,当时天气晴朗,东南风5级,能见度良好,事故本不该发生。

在海事局召开的事故责任认定专家座谈会上,多数专家们认为,"A"轮在碰撞事故前的航速达到了11.5节左右,在当时进出港航道上的环境和条件下,该轮航速11.5节不能认为是安全航速。

而"H"轮呢?在当时5~6级横风和偏顺流1.0节左右的情况下,半个多小时停车淌航,船舶舵效不灵,无法保持航向。一艘满载集装箱的船,就如同一张大帆,即便船长用快车、大舵角,也很难克服横向风力造成的下风漂移影响。况且,该船停车淌航,在风、流的作用下,船一定漂向下风方向,以至于航行在出口航道上,显然这也不能认定为安全航速。

其实任何事情都有一个安全速度问题。"欲速则不达",小心谨慎才能驶得万年船。

新闻摘录:

"HANJIN GOTHENBURG"轮与"CHANG TONG"轮碰撞事故

2007年9月15日19点35分,由天津新港开往韩国某港的德国籍集装箱船"HANJIN GOTHENBURG"轮(以下简称"H"轮)与由韩国某港开往秦皇

岛港的巴拿马籍散货船"CHANG TONG"轮（以下简称"C"轮），在38°18.7′N、121°29.3′E处发生船舶碰撞事故，事故等级为重大。

事故发生后，山东海事局立即成立"H"轮与"C"轮碰撞事故调查组，负责该起碰撞事故的海事调查工作。

事发水域的天气与海况：偏西风3~4级，轻浪，能见度6~8海里。事故原因：本起事故是两艘在航机动船在能见度良好水域发生的碰撞事故，主要违背了《1972年国际海上避碰规则》第五条的瞭望、第六条的安全航速和第七条的碰撞危险等相关规定。（根据中国海事局网相关内容摘编）

谈决定安全航速时应主要考虑的因素

前些日子，我去医院看望一位朋友。他是因为小车爆胎受了点伤。见到了他的司机，司机告诉我说还算幸运，那天高速公路上的车辆很多，车速比较慢。并且他还说给领导开车，速度从来都不敢快，车速慢点，一旦出了问题容易控制。司机所谓的"路上车辆多""给领导开车"等原因而车开慢点，可能就称为决定安全车速的因素。

从这可以联想到决定船舶安全航速问题，这个问题就不复杂了。虽然《1972年国际海上避碰规则》第六条没有给出决定安全航速的量化标准，但明确提出了决定安全航速时应考虑的各种因素。现分析如下：

首先，是能见度情况。

能见度是决定使用安全航速中的首要因素。根据学者的研究和IMO的有关统计资料，能见度不良时的碰撞事故为能见度良好时的一倍多。能见度不良导致不能靠视觉及时发现来船，难以判断来船动态，不利于两船协调避让行动。因此，能见度的情况将直接决定使用安全航速的大小。规则把能见度不良这一因素放在首位是合理的、准确的。

其次，是交通密度，即通航船舶密度。

通航船舶密度是安全航速诸多因素中的一个很重要的因素，通常是指单位面积水域中任何船舶，其中包括渔船或者任何其他船舶的密集程度。就行驶的船舶而言，其所处的水域中船舶密度越大，则该船的可航水域的宽度也就越窄，其航行行动的自由度也就越小，这势必影响到在必要时船舶能否采取适当而有效的避碰行动，尤其是大型船舶。

从另一个侧面考虑，通航密度增大，则船舶间的会遇次数必然增加，船舶的各种会遇局面均可能出现，而碰撞的危险度也必然随之增大。倘若在这种水域中船舶仍保持高速行驶，则很可能会造成既无充分的时间去判明当时的情况，又无足够的操纵余地去采取适当而有效的避让行动，如图2-13所示。其实道理很简单，也很直观，在道路交通上也一样，车辆密度大，我们就不能开快车。

因而，当船舶在通航密度较大的渔区、港口、锚地、狭水道或航道等水域航行时，严格地控制船速，甚至备车航行，均被认为是一种良好船艺的做法，也是遵守《1972年国际海上避碰规则》第六条规定的一种积极表现。

图2-13　船舶密度是决定安全航速的因素之一

再次，是对船舶的操纵性能的考虑。

船舶的操纵性能，通常是指船舶的航向稳定性能、旋回性能与停止性能。就船舶避碰而言，则主要是指船舶的旋回性能与停止性能。它也是考虑安全航速的重要因素之一，如图2-14所示。

具体来讲，也就是船舶在当时情况下的旋回要素以及停车与倒车的冲程。根据船舶操纵理论，航速越大，则冲程也就越长。一艘货船的停车冲程约为8~15倍船长，倒车冲程也高达5~6倍船长。VLCC等大型和超大型船舶的冲程可能还要更大些。大冲程对船舶避让显然是个不利的因素，对此，船舶驾驶员都很重视。

船舶旋回性能的影响，主要反映在下述几个方面。例如：船速高，舵效则好；但尾外偏移量较大，船舶惯性滑行距离也就越长。虽然速度快慢对船舶旋回半径大小并无多大的影响，但对船舶旋回所用时间的长短影响显著。而这一切，正是船舶操纵人员所必须掌握的基本常识，也是在进行转向避让时所不可忽略的重要因素。

因而，为了使船舶在必要的时候能够采取适当而有效的避让行动，为了能够在适合当时环境及其情况的距离以内把船停住，每艘船在决定自己安全航速之时，切不可忽视本船的操纵性能可能带来的种种影响，尤其是在通航密度较大的水域中行驶之时。

图2-14　船舶操纵性也是考虑安全航速的重要因素之一

最后，船舶雷达的性能也是考虑的因素之一。

使用雷达的性能及其局限性的考虑。任何一种设备，均有其特性、效率与局限性，即使是具有尖端水平的计算机导航与自动标绘系统的雷达亦然。作为驾驶员，如果能够意识到雷达的局限性问题，就会在决定安全航速时认真考虑。

要想最大限度地发挥雷达在航行与避让中的作用，首先就要求雷达的操纵人员必须十分熟悉雷达的特性与效率，尤其是对雷达的局限性应予以足够的认识。例如：雷达虽然能在远距离发现目标船，但是，在近距离之内也有探测不到小物标的可能。雷达虽然能获得碰撞危险的早期警报，然而却要花费一定的时间去进行雷达标绘或与之相当的系统的观察才能达到此目的。

虽然雷达能迅速地提供来船的方位、距离，尤其是"ARPA"雷达还能系统地提供来船的航向、航速（其中包括真航向、相对航向、真速度、相对速度），以及两船会遇时的 DCPA、TCPA 等数据，然而雷达对他船航向的改变反应迟钝，尤其是对船速变化的反应更是不易察觉。

例如，A 船与 B 船在舟山群岛附近的碰撞案例。夏季的一天，7 点 15 分海上平流雾变浓、能见度变差，在这种情况下，A 船大副增加了观察雷达的频率，雷达测距挡放在 8 海里，没有发现物标的回波。直到 7 点 35 分，大副心想要下班了，打算去写航海日志。当时的航向 180°，航速 11.5 节，船长登上驾驶台。7 点 42 分，船长从雷达发现右舷 45°方位约 300 米的 B 船接近，才下令右满舵，接着停车、后退三……7 点 45 分，A 船与 B 船碰撞。海事局事故调查组认为："A 船在能见度不良的情况下，没有充分考虑本船雷达探测目标的局限性，仍然以前进三的航速行驶，不是安全航速行驶。无法在适合当时环境和情况的距离内把船有效停住，主要违反了《1972 年国际海上避碰规则》第六条的规定。"

案例的教训是，凡此种种，不论是雷达具有的优越性，还是所存在的局限性，都是船舶操纵者应予以仔细考虑的因素。也只有这样，才能扬其长、避其短，使雷达成为一种名副其实的助航设施和有效的观察手段。

借此，让我们再了解一下雷达的波段。波长为 10 厘米的电磁波的雷达，其波段被定义为 S 波段雷达。S 波段雷达分辨率比 X 波段差，抑制海浪干扰时，选用 S 波段雷达（3 厘米电磁波的雷达，被称为 X 波段雷达）。测量目标方位时，应尽量选用 X 波段雷达，如图 2-15 所示。

为了结合 X 波段和 S 波段的优点，逐渐出现了使用中心波长为 5 厘

图2-15　船上安装的不同波段的雷达
①为3厘米波段雷达天线；②为10厘米波段雷达天线

米的雷达，该波段被称为C波段。现代大型船舶上已经装备了C波段的雷达。

驾驶员要清楚，当遇有雨、雪、冰雹等天气时，航海雷达波的能量被空中的水分吸收会引起观测物标距离减小。依据大气中的降雨情况，观测的距离可能会减小10%左右。也要注意航海雷达的盲区，安全航速还取决于驾驶台的视野和雷达上的盲区，如图2-16所示。

图2-16 安全航速还取决于驾驶台的视野和雷达上的盲区

安全航速是相对的，要求每一船舶在各个特定环境中能够以一个被认为是安全的船速行驶。如果两船发生碰撞，也不一定是由该船一开始就用了一个不安全的航速所致。

驾驶员可以有许多理由不减速，但是减速行驶是很重要的。它能给予驾驶员更多的时间去思考当时的局面。这也正是安全航速的另一个解释：允许有时间采取有效行动避免碰撞的船速。

小结一下：在决定安全航速时，应当考虑的因素主要有能见度情况，船舶密度，船舶的操纵性能，风、流和浪的状况，雷达设备使用，等等。

知识扩展：

航海雷达的天线海面以上高为15米时，一般探测到物标的最大距离为：小木船1~3海里；救生艇小于2海里；拖网船3~5海里；1万吨轮6~10海里；5万吨轮16~20海里。

谈船舶碰撞危险的定义

《1972年国际海上避碰规则》第七条第1款规定:"每一船舶都应使用适合当时环境和情况的一切可用手段判断是否存在碰撞危险,若有任何怀疑,则应认为存在这种危险。"

首先,什么是碰撞危险呢?避碰规则只给出了碰撞危险的定性概念,并未给碰撞危险下定量定义。毫无疑问,这是避碰规则制定者的智慧。当同一船舶处于不同的环境和情况下,或者不同的船舶处在同一个环境和条件下时,由于船舶驾驶员的能力和认知水平不同,可能对船舶是否存在碰撞危险有不同的认识和判断。

其次,在实践中怎样判断碰撞危险呢?通常而言,驾驶员判断碰撞危险是否存在,有两个最基本的量化数据:一个是两船会遇时的最近会遇距离(Distance of Closest Point of Approaching, DCPA);另一个是到达最近会遇距离的时间(Time to Closest Point of Approaching, TCPA)。一般认为,在DCPA小于安全会遇距离,且TCPA较小的情况下,就应当认为两船存在碰撞危险。

最近会遇距离表示两船在会遇的过程中最近时的距离,它是衡量两船是否可能发生碰撞的最重要因素。若DCPA=0,则表明两船若保持航速和航向航行不变,两船将同时到达某一地点,则必将导致碰撞;若DCPA > 0,则表明两船间尚有通过的距离,但这并不意味着两船就可以安全通过,也就表明还存在危险。只有当两船的最小会遇距离超过安全距离时,才可以认为不存在碰撞危险。一方面,安全距离需要考虑当时的环境情况以及船舶本身的性能和尺度等因素;另一方面,在判断碰撞危险时,除了要考虑最近会遇距离外,还必须考虑最近会遇时间这个因素。

就DCPA而言,它是个距离概念,DCPA越大,则表明危险的程度越小;DCPA越小,则表明危险的程度越大。

最近会遇时间（TCPA），表示两船在会遇过程中的时间概念，当DCPA=0或者在DCPA小于安全会遇距离的情况下，TCPA越小，表明船舶到达最近会遇距离地点的时间越短，碰撞危险的危险程度就越大，如图2-17所示。

图2-17　驾驶员往往根据两船之间的距离及其变化来判断是否存在碰撞危险

最后，看看有经验的人是怎么做的。余船长说："在海上船舶避让的工作实践中，驾驶员们往往更喜欢使用DCPA和两船之间的距离及其变化来判断是否存在碰撞危险。如此双管齐下，就更容易判断是否存在碰撞危险。"

显而易见，对于碰撞危险而言，想要防患于未然，最好的方法就是尽可能远离他船。

谈是否存在碰撞危险的判断手段

避碰规则对每一船舶在断定碰撞危险时，首先提出的要求就是应考虑当时的环境及其情况，其次才是根据当时的环境及其情况来确定相应的有效手段。

"当时的环境及其情况"，通常是指所航行水域的条件、航行交通条件、气象海况、能见度条件以及船舶本身的条件等。

"一切有效的手段"，就是尽所有可能采用的手段。在现代化船舶上，这些手段包括雷达、船舶自动识别系统（AIS）、电子海图、望远镜、太阳镜、方位仪、甚高频电话(VHF)以及对讲机等各种工具。

如果没有很好地使用所有的工具及其手段，片面认为没有碰撞危险是不符合良好船艺的。不管是否存在碰撞危险，只要你一时不能做出准确的判断，就应认为存在碰撞危险。要未雨绸缪，有备无患。

目前判断碰撞危险的方法主要有：罗经方位判断法、雷达标绘判断法、通信判断法、AIS系统判断法等。

如同瞭望手段一样，判断碰撞危险的方法有效与无效或者效果好与差是相对的，每种手段都有其特定的局限性。例如，使用罗经观测来船真方位的方法，简单明了，但不能确定来船的距离；雷达标绘方法，能够求得来船的运动要素，并可以通过进一步的标绘求得避让措施，但受到雷达的局限性的影响，并且雷达标绘需要一定的时间；VHF通信判断法，可以接收到有关他船的动态，特别是有关那些与已经确立的分道的交通总流向相反行驶的船舶信息，能够提早预报正在逼近的碰撞危险，但VHF通信有时候也存在对他船识别错误等；AIS系统能够自动接收他船的有关信息，有助于判断是否存在碰撞危险，但要明白所有系统都有自己的缺陷。使用哪种手段不是目的，目的是确保航行安全，如图2-18所示。

比较正确的做法，是充分发挥各种方法的优势，在特定的情况和环境下选择一种主要方法，并采取其他方法作为辅助，取长补短，以抵消不利的各种因素。

总而言之，小心谨慎防碰撞，任何怀疑莫侥幸。

至于哪种手段是最有效的呢？每个人都可以自由地答题，最终安全会给你判卷。

图2-18　使用哪种手段不是目的，目的是确保船舶安全有效抵达目的港

什么是罗经方位判断法?

"1994年6月16日,天气晴朗。我船驶进地中海的达达尼尔海峡,风和日丽,微波荡漾,这里是另一番海上风光。

"上午10点15分,有3艘小型登陆艇在我船右舷前编队航行。船长让我用罗经观测是否存在碰撞危险。我每隔3分钟观测一次,连续观测半个小时,并在海图上标绘出来,发现来船方位变化不大,并告诉船长。船长让我代替一下三副避让来船,我既高兴又紧张,这是我从大连海事大学毕业后第一次驾驶8万吨船。开始喊出右舵15时,一水的老舵手,一边回答口令,一边不慌不忙地转舵。不到15秒,我轮对准要求目标,把定航向。心里别提多高兴了,船长对我的行动表示满意,同时也告诉我,在狭水道转向避让忌用快车大舵角。"

以上是一个航海专业毕业生的实习日记。

罗经方位判断法是船舶驾驶员在能见度良好时,使用罗经观测来船的方位,来判断是否存在碰撞危险的一种方法。这种方法既简便又常用,如图2-19所示。

一般来说,连续观测来船的方位,如果来船的罗经方位没有明显的变化,则应认为存在碰撞危险。

船舶在互见中时,目测罗经方位通常比雷达观测方位更准确,但需要注意的是,如果船舶颠簸得十分剧烈,则可能存在误差,尤其是使用磁罗经的时候,误差会更大些。但是,世界上的事情是千变万化的,有时即使没

图2-19 驾驶员抓住机会用罗经观测来船方位(图片来源:严船长)

有明显的方位变化，也可能存在碰撞的危险，特别是在驶近一艘很大的来船或者一条龙的拖带船，或者是近距离驶近他船时。

　　观测来船的罗经方位的最佳时机稍纵即逝，驾驶员应抓住每一分钟，不让它白白过去。其他事情也一样，机遇稍纵即逝，剩下的就是挑战。

为何说"如果来船的罗经方位没有明显变化，则应认为存在碰撞危险可能"?

世界并非双眼所见，因为眼睛不会分析。你看到的，不一定是真实的。比如，你看见前方有船，难道就大喊"要撞船了"吗？不一定，还要用仪器观测、用大脑分析。

在航行中，判断来船是否存在碰撞危险，最普通的方法是用罗经连续观测来船方位。经观测分析，如果来船方位没有明显的变化，则应该认为存在碰撞危险了。那是为什么呢？

现分析如下：如图2-20所示，假设我船是A船，航向为AC，来船是B船，航向为BC，两船的航速不同，如果发生碰撞，我们必相交于C点，正好构成一个三角形ABC。当我船在A、A_1、A_2时，B船相应在B、B_1、B_2。其舷角分别为Q、Q_1、Q_2，如果观测来船罗经方位不变，即$Q=Q_1=Q_2$，则$AB/\!/A_1B_1/\!/A_2B_2$。根据平面几何原理可知，三角形ABC中和底边AB平行的直线A_1B_1，A_2B_2它们分两边成比例，即$\dfrac{AA_1}{BB_1}=\dfrac{A_1A_2}{B_1B_2}=\dfrac{A_2C}{B_2C}$，那么A船和B船最终会遇于$C$点发生碰撞，所

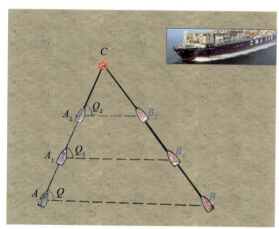

以如果测得来船罗经方位没有明显的变化，距离变近，则应该认为碰撞危险存在。

这时候，驾驶员应尽快采取相应措施。A船应当向右转向或减速，避开来船。如果你观测得越仔细，问题就越清楚，心里就越踏实，措施就会越有利。

图2-20 来船的罗经方位变化不明显时危险分析示意图

为什么来船"即使有明显的罗经方位变化，也可能存在碰撞危险"呢？

世界上的事情是千变万化的，具体问题要具体分析。为什么说来船即使方位有明显的变化，有时候也可能存在碰撞危险呢？这种碰撞危险不会发生在小船之间，一定是在驶近一艘大型、超大型船舶或者一条龙的拖带船，或者在近距离驶近他船时，则可能存在碰撞危险。

首先，举例分析一下。如图2-21所示为两艘相互逼近的船舶，A船在 A 点测得B船的罗经方位为285°，舷角是右15°，到达 A_1 点测得B船于 B_1 的罗经方位为290°，舷角是右20°，在 A_2 时测得B船的罗经方位为300°，舷角是右30°，B船向右转向打算穿越 A 船，结果造成危险局面。从分析来看，虽然罗经方位角有15°的较大变化，但仍然处于危险局面。因此绝不能"大意失荆州"。

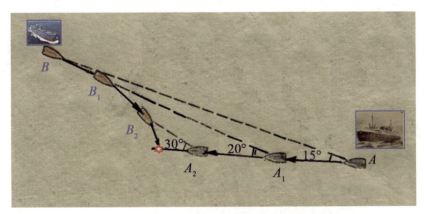

图2-21 来船方位有变化仍存在碰撞危险示意图

其次，再看一种情况，如图2-22所示。我们测得来船方位变化是测得来船的某一点，如只测得船首或者驾驶台等部位，但来船可能是一个超长的船。图2-22中，A船接近大船或者一条龙的拖带船时，虽然罗经方位有明显变化（变大或变小），但是也可能发生碰撞的局面。

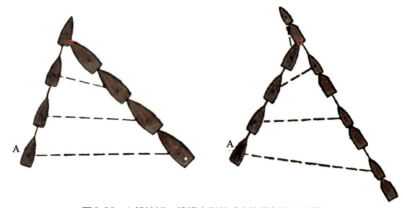

图2-22 A船接近一艘超大型船或者拖带船的示意图

这里让我们想起毛泽东同志在《矛盾论》中指出的："不同质的矛盾，只有用不同质的方法才能解决。"我们在使用罗经观测他船方位变化，去推断是否有碰撞危险时，应当根据情况的不同采取不同的处理措施。

在使用罗经观测来船罗方位，判断是否有碰撞危险时，应记得多留个心眼儿。

知识链接：

中远海运的"宇宙"号大型集装箱船总长400米，船宽58.6米，型深33.5米，最大吃水16米，设计航速22节，最大载重量198000吨，最大载箱量21237标准箱，如图2-23所示。甲板平面面积相当于三个半足球场大。能够在这类船舶上任船长，可以周游全世界，不仅是一个很体面的职业，也是一份有趣的工作。听起来很酷吧!

当你在夜间航行时，遇到这类超级船舶，要多加小心，提防为妙，别把它看成两艘船。

图2-23 中远海运的"宇宙"号大型集装箱船

谈避让中的甚高频(VHF)电话作用

首先，看一个故事，故事的名字就叫"VHF不是私人电话机"。

前几年，我在北京遇到了一个学生，他是公认的班里最聪明的学生。我问他为何离开了央企不上船了。他给我讲了这样一段故事。他曾在"M山"轮任二副。1993年10月30日凌晨3点钟，两艘杂货船"M山"轮和"X山"轮航行在印度洋上，能见度良好，海上风平浪静。在船上，二副的班是人最困乏又寂寞的。这天晚上驾驶台上静悄悄的，偶然发现，两船的二副从VHF得知两人是同班同学，这天又是农历的八月十五，真是喜出望外。于是两人就在VHF聊上天了，却忘记了自己在当班。他们聊的是在校的那些事情，聊得津津有味，从不爱学的天文航海到抽象的电航仪器，从图书馆占座到饭堂排队……不知不觉半个小时过去了，中断瞭望半个多钟头，突然"M山"轮值班水手发现船首左侧绿、红色灯光很亮，便大惊失色地叫起来。二副知道这下可不太妙，于是手忙脚乱，惊慌失措，下令自动舵立刻改手操舵、右满舵，停车。而"X山"轮的二副还一头雾水，不知道老同学为何突然停止交谈，正在感到纳闷的时候，紧接着一声巨响，两船"吻"在了一起。这一"吻"就造成230多万美元的修船费损失。就这样，二副被公司炒鱿鱼了。

其次，要知道船舶的起始避让呼叫应在16频道进行。

船用甚高频（VHF）无线电通信电话，是指采用VHF专用频段进行船舶间或船岸间无线电话通信的设备。VHF通信对于保障船舶航行安全的重要作用是其他方式的通信暂时所无法取代的。

根据SOLAS公约第Ⅳ章的规定，所有客船和300总吨及以上的货船，应设有一台VHF对讲机。它只能被用于船舶避碰和紧急情况，不能随便被使用。

船用甚高频（VHF）的频率范围和国际通用频道，按照国际海事通信的统一规定，海上船用甚高频（VHF）的工作频率范围：发射频率从156.025兆赫到

174兆赫。目前共设置57个频道：01~28频道，60~88频道。其中AIS频道2个，占用87和88频道。

　　船载VHF电话一般发射功率是25瓦，传播范围正常值在25海里左右；天线高度距海面90米的大型船舶通信距离大约60海里。便携式手持VHF对讲机一般发射功率不超过5瓦，当发射功率是5瓦时，传播范围约3海里。

图2-24　中远驾驶员正在使用VHF16频道协调避让（图片来源：小吕）

　　最后，得益于AIS的安装，VHF得到了更大的应用。船舶起始避让呼叫应在16频道进行，沟通后立即转到6频道通话，如图2-24所示。但在AIS安装前，实践中两船呼叫沟通比较困难，原因是不知道对方的船名。AIS的安装使问题得到解决。目前，所有300总吨及以上国际航行船舶都装有AIS设备，在船舶自动识别系统的帮助下，船用甚高频VHF在船舶避碰中的优势更加明显。时时播发本船船名、呼号、航向、航速、船位、航行状态等信息并在雷达上显示其所发出的信息。协调避让行动的关键就是起始呼叫。

　　每位驾驶员应当认真分析AIS所收到的信息数据，必要时根据AIS提供的信息进行呼叫，协调避让行动。高分辨率的雷达荧光屏出现多个回波时，应当根据AIS显示的船舶名称以及回波在荧光屏上的他船方位、距离，可以选择性协调沟通对象，很方便协调避让。

　　总而言之，充分利用一切可用的手段判断船舶是否存在碰撞危险，是《1972年国际海上避碰规则》第七条的立法本意。

谈良好船艺到底是指什么

2021年3月23日晚上，我收到我的秘书小周用微信发给我的一条新闻。新闻的主要内容是：埃及时间2021年3月23日上午8时（北京时间下午2时）左右，"长赐"号货轮在苏伊士运河搁浅。该轮长达400米，宽近60米，排水量达22万吨，装了18000多集装箱。该船几乎侧着身子在运河中停了下来，导致欧亚之间最重要的航道苏伊士运河被切断。几小时前，苏伊士运河宣布无预警禁行。媒体还称，苏伊士运河大堵塞将会影响全球经济，作为大约占据全球贸易12%的重要航运干线苏伊士运河，此次堵船使得全球经济每小时损失高达4亿美元。此次事故初步认为是技术和人为失误造成的。

看完这个新闻，出于专业的习惯本能，我首先认为，引航员和船长均不具备良好的船艺，是该船搁浅的主要原因。那什么是良好的船艺？《1972年国际海上避碰规则》第八条指出："为避免碰撞所采取的任何行动必须遵循本章各条规定，如当时环境许可，应是积极地、及早地进行以及充分注意运用良好的船艺。"

首先，避碰规则中很重要的一项规定是运用良好的船艺。我理解的良好的船艺就是操船的能力，它既是技术又是学问。驾驶员要具备良好的船艺是要下一番功夫的，非常重要的一条就是要有认真和严谨的学风。

具体而言，良好的船艺是指航海人员活学活用地运用所学专业知识，加上长期航海经历中所积累的经验、所形成的优良技术及灵活机动地运用操船的习惯做法。

其次，良好的船艺是高超的管理艺术。可能在很多人眼里，船舶说起来只是一叶扁舟，但真正的船舶实际上是一座寻常的小城镇。一艘20万吨的大船，加上货物，其价值超过几亿甚至几十亿元。仅发电能力一项，就足够十万居民日常使用。国家花大价钱培养一位优秀船长，可以说他应该是既上知天文又下知地理，既懂国际私法又懂国际公法，既懂技术又懂管理的大专家，如图2-25所示。

他应具有高超的应急和应变能力，能够应对海上千变万化的各种外部因素。如能恰当地运用良好船艺，把一艘几十万吨的满载超级货轮从地球的这边开到另一边，并有效使用各种电子设备和车、舵、锚等，顺利轻松靠离码头，一气呵成，安全平稳，那真是一种高超的工程管理艺术。

我从来就不太赞同有些人把航海技术定性为"管用养修"专业。在工程领域竟然没有一位航海技术的工程院院士是一件匪夷所思的事情。

图2-25　具有良好船艺的优秀船长夏教授

再次，具体的良好船艺是什么？我理解的良好船艺包括以下几个方面：一是通晓避碰规则的规定及其内涵并正确执行；二是准备锚泊时，抛锚应当避免抛在他船的上风和上水；三是在航的船舶给锚泊的船舶让路，在航而停住的船舶也必须遵守规则各条规定，失控状态应准确显示了相应的号灯、号型；四是在浅水区航行时，必须考虑浅水效应，船体下坐，吃水变化，舵效、岸吸以及船吸等外部环境都可能影响船舶操纵性，从而对避让产生困难；如果用变速、变向双管齐下避让的话，当时环境许可，就应及早大幅度地进行，使他船容易用视觉或者雷达察觉到；五是面对紧迫局面时，能够沉着冷静，恰如其分地运用车、舵、锚等设备，化险为夷；六是任何时候都应用安全航速行驶，为避免碰撞留有更多时间来思考估计局面；七是锚泊时，要有足够的回旋余地，以免危及他船或妨碍他船正常航行；八是在能见度不良时，在正横前听到他船的雾号，应将航速减到能够维持其航向的最佳速度，需要时能够在合理的时间内把船停住；九是十分熟练使用AIS、VHF、雷达、全球海事安全系统通信设备、定位设备等各种现代助航和通信仪器；十是具有良好的船与船之间、船与岸之间以及驾驶台与机舱之间沟通的能力等。总结起来大概有十个大项，我称其为"十全十美"。一言以蔽之，凡是有利于避碰和航行安全的操船能力都应属于良好的船艺范畴。

最后，良好的船艺是从哪里来的呢？是从天上掉下来的吗？是船长大脑里固有的吗？都不是。船长真正的良好船艺，来自实践和学习。关键在于，你愿不愿意多付出时间来学习法律、经济、管理，熟悉船舶的各种性能，熟练掌握各种通信导航现代仪器和设备，并能够精益求精地使用它们。

今天，随着船舶朝着自动化、智慧化的方向发展，驾驶员的良好船艺应增添新的和更高的内涵，以适应新智慧航海的需要。

为什么规定"若有足够的水域，则单用转向可能是避免紧迫局面的最有效行动"？

《1972年国际海上避碰规则》第八条第3款规定："若有足够的水域，则单用转向可能是避免紧迫局面的最有效行动，只要这种行动是及时的、大幅度的并且不致造成另一紧迫局面的。"这种规定体现了实践中的操船经验。

在不同场合，我曾请教过多名船长，他们的回答都是，只要当时环境和条件许可，大幅度转向是避免紧迫局面最有效的避让行动。这也是船长最常用的方式。

船舶正常航行时，改变航速受到多方面的制约，如由于船舶的巨大惯性，船速不可能马上改变，又如船舶停车、倒车通常需要备车等；况且只要动车，驾驶台就要跟机舱部沟通，沟通就需要时间。而转向则不然，转向既迅速又方便，只要船长命令一下达，立刻就见效。

及时、大幅度的转向，容易使他船用视觉或者雷达察觉到，可以很快取得避让效果。而用变速避让，往往在短时间内不容易取得改变速度的效果，也不容易被他船察觉。船舶在海上全速航行，如要加速，则所增加的速度有限；如减速太大，速度慢，又将影响舵效，使操作不够灵活。所以在海上避让他船时，船长往往利用转向来避让紧迫局面。

在单用转向作为避免紧迫局面行动时，有四个问题必须注意，让我们简单地逐一进行解释。

首先，要有足够的水深。有足够的水深是采取转向行动的前提条件，理由很简单，因为没有足够的水深，船舶一转向就会造成搁浅、触礁等事故，那不就是自找麻烦吗？

其次，行动是及时的。如果行动不及时，就会错失良机。

再次，行动是大幅度的。很显然，如果行动不是大幅度的，则达不到预期效果。

最后，一定不能造成另一个紧迫局面。不致造成另一个紧迫局面的意思是指当一船采取大幅度的转向行动以避免与另一船形成新的紧迫局面，不致迫使他船与第三船构成紧迫局面。不致造成另一个紧迫局面是转向避让的最基本要求。否则，那就是多此一举、举措不当。

现举例说明，如图2-26所示。当A船采取大幅度右转向行动避让B船时，将与C船形成新的紧迫局面。这就是画蛇添足的行动。此时，A船就不应采取大幅度右转向行动，这一行动已经不是避让紧迫局面的有效行动了，而应当根据当时的实际情况采取适当幅度的右转向行动，或者采取减速行动，或者向左转向，避免与B船、C船形成紧迫局面。

宋船长曾直截了当地说："在避让当头或接近当头的船舶，转向比变船速有效得多；为避让从正横或者接近正横方向驶来的船舶，采用变速比转向好，当然大幅度的转向，也能达到同样的效果。"

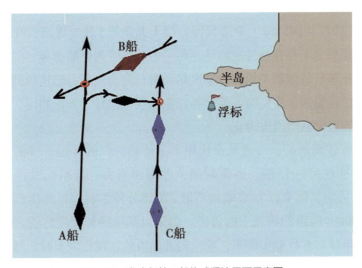

图2-26 发生与第三船构成紧迫局面示意图

如图2-27所示，B船是一艘从右正横接近罗经方位不变的来船，如果不采取行动，就会有碰撞危险。因此，A船如果采用左转向90°，甚至左转一大圈，就能够达到比减速更好的效果，这种采用背着他船转向的避让操纵，往往更安全、更实用。但这种行动措施必须在能见度良好的情况下进行。

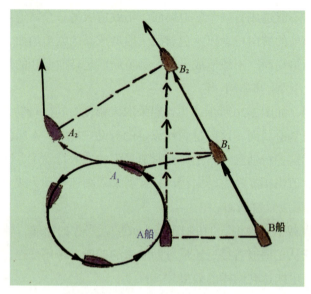

图2-27 向左大转向避让他船示意图

当然，《1972年国际海上避碰规则》第十九条第5款的规定，在能见度不良时，除了已经断定不存在碰撞危险外，每一船舶当听到他船的雾号似在本船正横前，或者与正横前的他船不能避免紧迫局面时，应当立刻将航速减到能够维持其船舶舵效的最佳船速。必要时，能把船完全停住，而且，无论如何，应极其谨慎地驾驶，直到碰撞危险消失为止。

需进一步强调的是，一艘从全速用紧急停船操纵的冲程，根据航速、排水量、机型，往往是5~15倍。所需时间，差别相当大。余船长说，一艘排水量4000吨级的货船，如果以15节航速行驶，在5分钟左右即可停住；但是一艘排水量超过200000吨级的满载干散货船，如果以同样的初速度行驶，则需要约半个小时才会停住。并且船舶停车，舵立刻开始失效，在打倒车时，驾驶船舶就会增加困难。如果有风，船舶处在空载情况下，那么风的作用可能比螺旋桨产生的侧推力影响更大。

无论出于什么原因，只要对来船的动态不清楚，就踏踏实实备车，认认真真缓行。

谈避碰规则规定的"紧迫局面"的含义

前几年，我跟远洋公司一位有船长背景的领导聊天，我问他做了十几年船长，有没有尴尬的故事。他给我讲了一个初任船长时碰撞船的故事。

那是1988年的春天，他在"LL海"轮任船长的第一个航次。这天，已是早晨6点，天还不是特别亮。浓厚的黑雾不仅把海岸都藏起来，而且把海面也笼罩起来，连驾驶台的窗子都像上了色的帘幕。

"LL海"轮航行到大连三山岛附近水域，与希腊籍"P"轮相撞。当时海上能见度不足1海里，两船都拉了雾号。在碰撞前10分钟，从雷达判断当两船已经接近1海里左右时，对方"P"轮突然"消失"了，原来是海上有浪，三副把雷达的海浪干扰抑制打开了。事故发生后才知道，希腊籍"P"轮船长下令左满舵转向60°。"LL海"轮船长则下达了停车、右满舵、后退三命令，此时的值班轮机员不但没有及时倒车，反而用电话询问驾驶台为什么要倒车，最后由于两船行动措施不够协调而相撞。还算幸运，撞得不严重，如图2-28所示。

大连海事法院法官裁判"各打双方五十大板"。法官认为，在情况不明时，双方所做出的任何避让行动都是不谨慎的做法，举措不当，两船都有过失。

其中有一段精彩的对白。当时"P"轮代理律师不服，说："我轮是被撞的，不应该承担责任。"法官说："哪一条法律或者规则规定，被撞船就没有责任呢？判定责任的大小不是依据撞船和被撞船，是依据法律规定，谁该给谁让路，也就是说，谁是直航船，谁是让路船。"

随着现代科技的发展，类似这种船舶碰撞事故将来应该不会发生了。现代船舶都安装了各种智能设备，包括高清晰度的智能雷达和AIS组合智能导航仪器的使用，两船双方发生任何变化，相应的信息数据随之就显示在你面前。但要清楚，再好的仪器设备也需要人去掌握，其代替不了人的主观能动性。

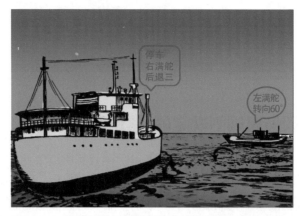

图 2-28　南辕北辙的行动示意图

　　我们回到避碰规则关于紧迫局面的概念上来，规则只给出了概念，但未给出一个明确的定义。这体现了规则的制定者的智慧和渊博的知识。立法有时候需要的是宜粗不宜细的，实践中可能更合理。如果给出一个定义，又不能包罗万象，那就用列举法，要列举多少呢？这样就给学者们留下研究的空间。世界各国航海界的专家、学者会就此高谈阔论、各抒己见。

　　实践中船长知道遇到他船突然十分紧张时，就形成了紧迫局面。大多数学者认为，紧迫局面是指当两船接近到单凭一船的行动已经不能使得在安全距离上驶过的局面，即此时此刻只有当两船均采取适当的避让行动，并且两船的行动应是协调的，才能使两船在安全间距上驶过。

　　大多数船员认为，紧迫局面最初适用时的两船间距离取决于多种因素，包括能见度、两船航速、船舶所处的水域、船舶尺寸等。在海上能见度良好时，两船间距离接近到了舵让最晚点，换句话说，指两船间的距离已经少于采用满舵避让的最晚施舵点；在能见度不良时，有些专家认为，听到他船雾号来自正横以前，或者从雷达观测到来船距离在 2~3 海里，或者相对运动线通过本船的最近会遇距离不足 1~2 海里时，即可认为两船处于或者正处于紧迫局面之中。

　　在海上对紧迫局面的正确判断，是表明一位船长具有良好船艺的具体体现。要做到未雨绸缪，及早采取行动的前提是对局势和局面有了一个准确的判断和把握。否则，就会像故事中的两船，采取了南辕北辙的避让行动。

　　世界上的许多事，当你意识到危险到来的时候，往往就已经来不及了。避让船也是如此。

为什么在避让时"如当时环境许可……应避免对航向和（或）航速做一连串的小改变"？

《1972年国际海上避碰规则》第八条第2款规定："为避免碰撞而做的航向和（或）航速的任何改变，如当时环境许可，应大得足以使他船用视觉或雷达观测时容易察觉到；应避免对航向和（或）航速做一连串的小改变。"

在一次航行安全讨论会上，邹船长认为，凭他多年的工作实践经验，无论是在能见度良好的情况下，还是能见度不良的情况下，在船舶避让过程中，对航向或（和）航速做一连串小动作是采取避让行动时最忌讳的。一方面，小的变动不容易让他船用肉眼视觉或者雷达察觉到本船的举措行动，也就不太容易判断本船的避让意图，难以协调动作，贻误时机。另一方面，这种小幅度的避让行动无助于两船尽快摆脱存在的碰撞危险。在航行实践中，有些碰撞事故的发生就是由于一船畏首畏尾，采取了航向和（或）航速一连串小变动而导致他船判断失误，使得两船避让行动不协调，如图2-29所示。

图2-29　大幅度避让行动有利于他船及时察觉到

现行《1972年国际海上避碰规则》源于《1863年避碰规则》。1860年，按照船舶种类来区分避碰能力并分配避碰权利与义务。当时只有在能见度良好、彼此能看到时才能避碰，而且只有大幅度变化，才能看清对方的行动。雷达的广泛应用使船舶在雾中避碰成为可能，但雷达也无法显示船舶的微小变化，因此要求必须大幅度避让。

但随着科技的发展和进步，船舶驾驶自动化程度越来越高，AIS、全球卫星定位、电子海图和高分辨率的光栅雷达在船舶上广泛应用，双方船的船位、航向、吃水和目的港等，在避让时如同一个作战指挥所内的沙盘一样，一目了然，非常直观。双方的任何改变相应的数据随之而来，大大提高了安全系数。协调避让已经容易多了，船长心里更有数。目前看来，现行的避碰规则如此规定似乎显得既有点生硬也有些过时，修改现行的避碰规则应该提上议事日程。

王茂林毕业于大连海运学院（现大连海事大学），在中远任船长25年。他告诉我，刚当驾驶员那阵子，胆子小，避让船时，总是10°、5°的转向，结果有时候反而造成更紧张的局面。后来老船长告诉他，当船舶在互见时，所做的转向能够足以让他船的驾驶员用肉眼容易察觉到本船在进行避让行动，小于10°的转向就不太可能被认为已经达到这个大幅度避让的要求。

让路船当用转向从他船的尾后驶过时，最好应当先转到足以使他船处于本船船首另一舷的航向上，以便他船在夜间见到本船的另一舷灯，右转时见到本船的红灯，然后再保持这一相对方位，逐渐转回来，直至恢复到原航向为止。如果环境允许，就大胆地大幅度避让，细心查核避让行动的有效性后，果断让清他船为止，大不了定个船位，回到原航向。实践下来，他觉得避碰规则的这些规定十分有道理，也很科学。最近几年，船上装备了电子海图以及AIS系统，避让他船轻松多了，心里也踏实多了。

王船长还说，25年来，自己根据避碰规则的要求谨慎驾驶，靠离过数千个码头，从杂货船、集装箱船到多功能船再到半潜船，他都干过，航行几十万海里，都没有出事。答案在哪里？就是认真遵守避碰规则和执行公司的各项安全航行的规定。

什么是避碰规则中的狭水道？

《1972年国际海上避碰规则》第九条明确了狭水道的航行规定，但对于什么是狭水道，在避碰规则中却没有明确定义。

首先，什么是狭水道？目前没有明确的定义，通常是指可航水域的宽度狭窄，船舶操纵受到一定限制的通航水域。实际上，究竟可航水域的宽度为多少才能被认为属于狭水道呢？多年来，国际上也没有统一的标准。有些专家认为宽度2海里以内的水道是狭水道；但有的专家则认为，船舶大型化了，宽度为4海里的水道也应被认为是狭水道。

随着船舶朝大型化、快速化的方向发展，船舶排水量不断增大，船舶交通流密度不断增加，许多专家学者呼吁对狭水道要有一个较为量化的标准，明确狭水道的概念，以适应船舶航行安全的需要。

有些国家法官在审理海事案件时，当确定某处的水域是否适用狭水道航行规则时，往往根据海员的传统看法，并结合该水域的实际通航状况来确定。

其次，《1972年国际海上避碰规则》第九条所指的"狭水道"，一定是"连接公海并可供海船航行的一切狭窄的水道"。当船舶沿这些水道航行时，不仅应严格遵守避碰规则的规定，还应注意海员的通常做法及习惯航法，除非在该水道业已制定特殊规则。

在不是国际水域的狭水道，当地主管机关可以制定一些规章，以保证船舶安全通过狭水道，包括运河、船闸和港口等。这些通常出现在特别繁忙的、与国际海运航线密切相关的狭水道，如巴拿马运河、圣劳伦斯水道和苏伊士运河就属于这种类型。在这些狭水道航行都有一整套特别的规定，包括船舶避碰要求、关税和收取过路费等。

如果一条狭水道分开了两个国家，管理可能由两国联合制定实施，诸如收取过路费、经营运作和避让系统等，如在圣劳伦斯水道。这些航行的规定在航路指南的相关部分均可以查到。

避碰规则中提及的"航道",通常是指一个开敞性的可航水道或由港口当局加以疏浚并维持一定水深、可供一定吃水的船舶行驶的水道。

最后,一般进出航道口均设置浮标。一般情况下,为了航行安全,航道两侧均设置有航标以表明其可航宽度。但也有一些航道,仅设置有表示航道中心线位置的中央浮标,而在海图上以虚线标绘出该中心线两侧航道的边界线。有些航道可能是狭水道中的一些"航槽",但也有些航道却是在开阔的浅水区域中开辟出来的人工疏浚航道。

船舶在狭水道中航行,船长都知道船舶舵效无法纠正首岸推和尾岸吸的运动力。如图2-30所示,宋船长的体会是:一定将船舶把定在航道中心附近航行,使船首排开水流保持均匀,避免岸壁效应,降低船速,以防船吸。即便是有引航员在船上,船长也不能有半点大意。

图2-30　大型船舶在狭窄水道航行,"螺蛳壳内做道场",没有回旋余地

知识链接:

1.船吸现象

何谓船吸呢?两船近距离追越或者对遇时产生相吸以致碰撞的现象在航海上称为船吸。

在狭水道追越中发生船吸的原因有两个:

其一,两船横距太小,两船或者其中一船船速较快,当追越船的船首越过被追越船的船尾时,在被追越船快车吸入流的作用下,追越船的船首被吸拢而碰撞被追越船的尾部；或者当追越船的船尾接近被追越船的船首时，在追越船快车吸入流的作用下，将被追越船的船首部吸拢而碰撞追越船的船尾部，如图2-31所示。理论上讲，这种现象在水浅时更为明显。

其二，当两船横距太小而船速相差不大，长时间平行行驶时，两船中间的水流的速度必然显著增大而压力减小，与两船外侧的水形成压力差，会将两船压拢而靠碰。同样的道理，横距小、速度大的对遇船会产生船吸。

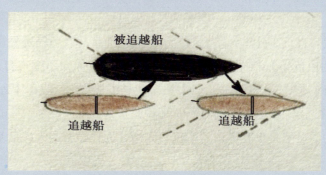

图2-31　船吸现象示意图

2.岸吸与岸推现象

什么是岸吸呢？在狭水道航行，当船速既快又靠岸太近时，可产生岸吸（尾部吸向岸壁）和岸推（船首被推离岸壁）的现象。

如图2-32所示，船舶在快速航行时，船首激起浪涌，压力增大，在岸壁的反作用下将船首推离岸边，而侧前方与侧后方之间的水形成波谷，靠岸的一边水位下降后又来不及补充，与外侧形成压力差，将船后部向岸边压去。岸吸与岸推是同时发生的，防止的措施是在狭窄水道内船舶应行驶在中心线，必要时慢车航行。

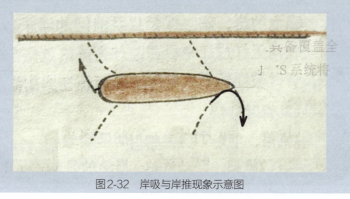

图2-32　岸吸与岸推现象示意图

规定很简单，道理很深刻

——谈船舶在狭水道要靠右侧航行

有一天我骑自行车外出，路上遇见了一起交通事故。一辆送外卖的摩托车与拐弯进小区的白色轿车相撞。交警来了问骑车人："你知不知道自己错在哪里？为何要这么骑车呢？"他理直气壮地回答："我是正常骑车，没有什么错啊？"交警说："你没有在马路右侧骑车，你逆行你还说是正常，难道说轿车不正常吗？"

骑车人的话显然是没有道理的。我不知道，为什么有的人连最基本的规则都不能遵守。

这让我联想起《1972年国际海上避碰规则》第九条第1款的规定，沿狭水道或航道行驶的船舶，只要安全可行，应尽量靠近本船右舷的该水道或航道的外缘行驶。

显然，避碰规则中的这一条适用于任何沿狭水道行驶的船舶，即使是一艘执行本条款规定或许有一定困难的帆船、限于吃水船或操纵能力受到限制的船舶，也应尽可能地遵守本条款的规定，而不应强调其特殊情况对第九条规定而置之不理，如图2-33所示。

图2-33　狭水道航行的船舶应靠右侧行驶示意图

《1972年国际海上避碰规则》第九条第1款明确规定"应尽量靠近其右舷的该水道或航道的外缘行驶"，这一规定系狭水道航行规定的核心，"靠右行"也是沿狭水道或航道行驶的船舶驾驶员应遵循的一项最基本、最简单的规定。该规定要求船舶随时应保持在靠近本船右侧的该水道或者航道的外缘行驶，而不是仅仅在有船舶从相反方向驶来时，船舶才移到右侧行驶。

因此，船舶在狭水道航行时，驾驶员应充分运用各种导航仪器，勤定船位，及时纠正偏航，尤其在能见度不良的情况下，更应当利用雷达和回声测深仪等设备，保证船舶驾驶在狭水道或者航道的右侧外缘行驶。

1993年11月6日，凌晨3点钟，"牛号"轮航行在某狭水道，二副当班，水面上来往船舶不算多。秋天的后半夜，月亮下去了，太阳还没有出来，只剩下一片乌黑的天；除了夜游的动物，什么都熟睡着。这时候，二副的上眼皮和下眼皮开始打架，他要求舵手"把定航向"，自己不知不觉似乎站在那里迷糊了5分钟，可船已经在流的作用下慢慢驶进左侧航道了。突然，水手喊道："二副，前面有船，我看见了它的绿色舷灯！"二副吃惊不小，紧急情况下，来个右满舵、停车，殊不知"牛号"轮的右侧受到横流作用，船仍然往左偏去，来船见势不好，也来了个右满舵，勇敢避让了"牛号"轮，结果自己搁浅了，而"牛号"轮却安然无恙。因此船员自封本轮是"牛号"轮。

当地法官判"牛号"轮负全责时，"牛号"轮代理商律师不服："'牛号'轮没有做错什么呀？又没有撞到他船。"法官说："难道你们就不知道，狭水道靠右侧外缘航行吗？哪一部法律规定，没有撞到船就不承担责任呢？"

看了这个故事，我十分认同法官的回答，同时更厌恶那些逆行走路之人。

在日常生活中，有的人甚至连"走路应靠右行"的最简单的规则都不遵守，他还有什么资格谈修养、礼貌和发展呢？

船舶驶近狭水道的弯头，应怎样做呢？

《1972年国际海上避碰规则》第九条第6款规定，当船舶在驶近可能有其他船舶被居间障碍物遮蔽的狭水道或航道的弯头或地段时，应特别机警和谨慎地驾驶，并按照规定鸣放声号一长声，如图2-34所示。

首先，要知道本款规定是对船舶在能见度良好却互相看不见的情况下做的规定。但对任何船舶，在驶近可能被居间障碍物遮蔽他船的狭水道的弯头或地段时都适用。

图2-34　船舶驶近狭水道的弯头应鸣笛一长声示意图（图片来源：交通运输部长航局宣传画）

其次，居间障碍物航行要特别谨慎。避碰规则规定"应特别机警和谨慎地驾驶"的要求也适用于在能见度不良情况下相互看不见的任何在航的船舶。居间障碍物会使视觉瞭望受到限制，无法用视觉直接看到居间障碍物后方是否存在他船，同时雷达的探测也可能受到限制。因此，规定"应特别机警和谨慎地驾驶"，这是针对船舶在接近该水域中应保持高度的戒备，并注意运用良好船艺的一种更高的要求，一定要充分运用雷达和其他助航仪器。

应充分估计当时的环境、条件对船舶操纵避让所带来的影响；应将主机、锚机做好随时操纵的准备；应运用一切手段保持正规的瞭望；应严格控制船速，并根据过弯道对船舶操纵的特殊要求，正确使用车舵；应尽量保持在本船右侧的水域行驶，不应"抄近道"行驶而侵占他船的航道；应尽量避免在弯道处会遇船等。

最后，驾驶员也应当及时从船舶交通管理中心（VTS）、甚高频电话（VHF）或者AIS上获取进出弯头地段他船的信息，调整航速，尽量在该水域不会遇他船。

总而言之，当船舶驶近可能有其他船舶被居间障碍物遮蔽的狭水道或航道的弯头时，必须鸣放汽笛一长声弯头声号；当听到他船一长声汽笛声时，也必须回答一长声汽笛声。

这既是避碰规则的规定，也是最基本的礼貌。

各定各的调，各行各的道

——谈船舶定线制的概念

《1972年国际海上避碰规则》第十条规定了船舶的分道通航制航行要求。为了使船舶航行秩序更加规范，减少船舶间碰撞的危险，采用了一种分道通航的制度。目前，通用定线制措施主要包括：分道通航制、环形航道、沿岸通航带、深水航道和避航区、警戒区等。

1.什么是分道通航制呢？

1961年夏天，来自英国、法国和德国的海事官员代表讨论在拥挤的多佛尔海峡分隔船舶航行的方法，然后又将其扩展到其他拥挤的海域。他们将建议提交给政府间海事协商组织（IMCO）并原则上获得了通过。IMCO推广了这个方法，最后在全世界逐步建立了分道通航制（TSS）。

分道通航制是一种定线措施，将相反方向的船舶流通过通航分道分隔开。在一些船舶密度较大的水域，把船舶规定在不同的分道上航行，使对驶船舶分隔开来，消除船舶在同一航道当头对遇的机会。简单说，就是各定各的调，各行各的路。

分隔带，在海图上主要以紫红色（紫色）或者黑色标示。区域用紫色标示，界线用与表示其他边界一样的组合线条标示，实线空心箭头标示规定船舶流方向，虚线空心箭头标示推荐船舶流方向。在一个通航分道内航行的船舶必须按设定的船舶流方向航行，如图2-35所示。

图2-35　分道通航制海图上标识，实线空心箭头为船舶流方向

2.什么是环形航道呢?

环形航道是一种圆形的通航分道,设置在几个航线的交叉点上,在其中船舶按逆时针分隔点或分隔带航行。其是引导转向船舶逆时针绕行中心点,以便减少事故发生的一种定线措施,如图2-36所示。

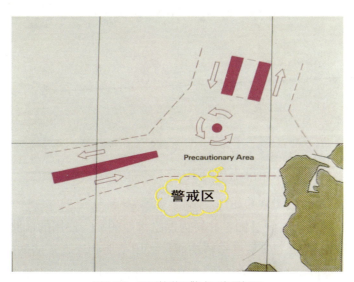

图2-36　环形航道和警戒区海图标识

3.什么是沿岸通航带（ITZ）呢?

在实行分道通航制和邻近海岸之间的区域，通常是为沿岸通航安排的航道。一般是在船舶密度较大的水域，把航行船舶规定在不同的分道上航行。在海图上，用T形虚线标示边界。该区域位于分道通航制向岸一侧边界与邻近的海岸之间，并按照《1972年国际海上避碰规则》第十条第4款规定执行，如图2-37所示。

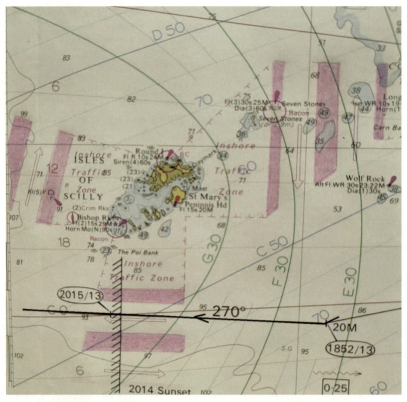

图2-37　采用沿岸通航带分隔通航海图标识，一船270°的航线

4.何谓深水航道（DW）呢?

在通过浅水区时，经过测量并转为深吃水船舶航行使用的航路即为深水航道（DW）。换句话说，就是已经精确测量适用于那些深吃水船舶航行的航路。在海图上深水航路标有紫色粗体的"DW"字样，并且注明最小水深。吃水小的船舶应尽量不要使用深水航路。海图深水航路标识如图2-38所示。

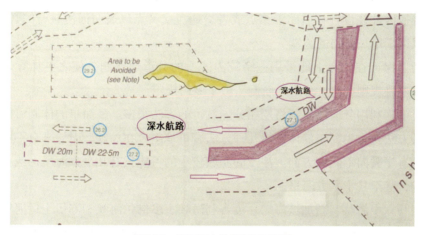

图2-38 海图深水航路标识示意图

5.何谓避航区呢?

避航区,即一个禁止某些类型船舶驶进的水域,原因是有航行危险或者环境敏感因素。在海图上以T形虚线或者组合线标示边界。也有可能是以礁石或者岛屿等有问题的地方为圆心画出的圆。最小的范围可能不到1平方海里,最大的可能达到数百平方海里。在有些海图上和《航路指南》中均载有关于哪种类型的船舶不可以进入避航区的规定,如图2-39所示。

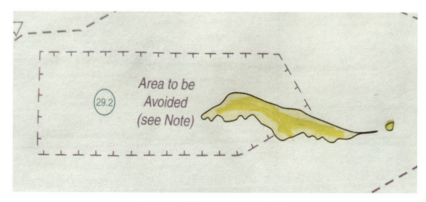

图2-39 避航区海图标识示意图

6.什么是警戒区?

由一个设定界限的区域构成的一种定线措施,该区域可能有推荐的船舶交通流方向，船舶在其中航行时应当谨慎，应按照推荐的船舶流方向航行。

警戒区往往设置在航路汇聚点或者交通流交叉点以表明谨慎航行的必要性，也可以用于单一航路的终端。

为了保证在国际上能采用一个较为统一的分道通航制，使之更加有效地实施，在避碰规则中对"分道通航制"做了专门规定。

目前，利用分道通航制将船舶分隔航行的方法很多。最简单的体制可能只包括一种方法。更为复杂的体制将几种方法有机地组合在一起，引导来自不同方位的船舶有序驶向不同的方向。涉及的海域较小的可能只有几平方海里，或相当大的范围，甚至几十平方海里。

在马六甲海峡、新加坡海峡、英吉利海峡、多佛尔海峡和苏伊士运河等受限海域，有一些被IMO认可的特殊分道通航规则。这些规则均归纳在《航路指南》中。航行到这些海域时，船长一般要提前查阅《航路指南》的有关章节。

船舶在分道通航制水域安全航行，我们应特别注意的是规定的船舶流的方向。学艺不精，可以弥补；而方向错了，则越前进，越危险。其实，其他事情也一样。

从"碰撞在D海峡"谈
使用"分道通航制"的船舶应遵守哪些规定

在分道通航制下航行的船舶还能发生碰撞吗？

首先，我们来看下面这个根据某公司案件简报编写的故事，就叫"碰撞在D海峡"。

1998年6月9日，A船满载废钢，驶近D海峡，晚上9点钟，三副当班，航向135°，航速13节，天气晴朗。刘船长认为三副知识渊博，业务能力很强。因航行一切正常，刘船长在夜航簿上写道："有事尽快叫我，注意来往船舶，保持在航道上。"然后他就放心地回房间休息了。

晚上9点15分，三副面对驾驶台的窗户仰望天空，看着天上繁星浩渺而感慨万千。实际上，驾驶员当班侃大山是常有的事。

他和当班水手就开心地聊上了。三副说："我们生活的这个地球，只是太阳系中的八个行星之一，银河系有2000亿个太阳系，而整个宇宙有2万亿个银河系。在这浩瀚的宇宙空间，我们每个人真是微乎其微，不及大气中一粒微小生物。从时间上看，银河系距离最近的河外星系4万多光年。光的速度是每秒30万千米，我们看到的恒星的光是数万年前发出来的呀！"两个人还在感叹中，不知不觉，已经晚上9点半钟了。三副还不知自己的船已经错误地航行在北行的航道分道上，一场大麻烦就在眼前。

如图2-40所示，B船位于A船的右船首方向，A船在B船的左船首方向，航行灯均显示，这种局面已经构成有碰撞危险的船舶对遇局面。9点45分，B船与A船的右船首相距约4.5海里，显示绿色舷灯。A船感觉自己是直航船，对方没有让，向左转向15°，航向为120°。碰撞前约5分钟，A船进一步向左转向，从120°转到100°，实际上又转向20°，此时的两船相距1.5海里左右，三副赶紧叫船长上驾驶台，立即停车。B船在碰撞前10分钟见A船航行灯，三副右转向20°，碰撞前3分钟，转向到336°，作为对遇中的让路船，互相向右让。三副考虑到A

船左转，知道麻烦来了，认为碰撞是难以避免了，下令左满舵、停车。两船相撞，斜角碰撞，A船损失大。A船公司给予三副记过处分，船长因严重失职被通报批评，扣除一个航次奖金。

图2-40 A船与B船碰撞示意图

其次，看法官怎样裁判。D海峡的当地海事法官在审理此案中认为，本案中两船中的A船虽然违反了分道通航制的规定，错走分道有过失责任，但不是引起碰撞的主要原因。碰撞的主要原因是对遇危险局面，应各自向右让，而A船采取了左转向，致使两船相撞。判A船承担80%的责任，B船承担20%的责任。

B船不服，认为A船应负全责。法官认为："尽管A船违反了分道通航制的规定，但并非说，在有碰撞危险时他船可以不按规则进行避让。你们难道忘记了当一船和另一船可能发生碰撞时应当按照避碰规则有关规定进行避让吗？因为，A船与B船是对遇危险局面，应各自向右避让，但B船避让不及时，也必须承担一定责任。"

　　最后，我们再来看规则的规定。根据《1972年国际海上避碰规则》第十条的规定，使用分道通航制区域的船舶，是指在通航分道中顺着交通流向行驶的任何船舶。

　　那么，使用分道通航制的船舶应当遵守哪些规定呢？

　　一是任何使用分道通航制的船舶，都应当按照相应通航分道内海图上标示的交通总流向行驶；二是尽可能让开分隔带或分隔线，这意味着船舶应保持在通航分道的中心线附近航行；三是船舶在驶入或驶出通航分道时，通常应在通航分道的端部行动；四是从分道的任何一侧驶进或驶出时，应与分道内船舶总流向形成尽可能小的角度；五是应尽可能避免穿越通航分道，但如不得不穿越时，应尽可能与分道的船舶流向成直角穿越；六是在采取避让行动时，船舶还必须遵守规则的其他条款规定进行避让。这是《1972年国际海上避碰规则》第十条第1款的规定的内在含义。

　　故事的启示：那不是船舶航行的错，而是认知行为的错。

什么是穿越通航分道的船舶？

习惯上，人们认为，穿越整个通航分道制区域的船舶，穿越一条通航分道进入另一通航分道的船舶，穿越一条通航分道驶离另一通航分道的船舶均被称为"穿越通航分道的船舶"，如图2-41所示。

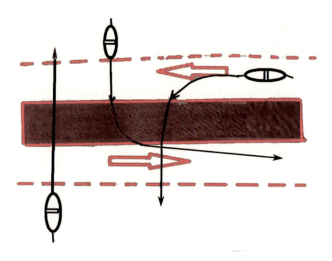

图2-41　穿越通航分道示意图

首先，看看避碰规则的相关规定。《1972年国际海上避碰规则》第十条第3款规定："船舶应尽可能避免穿越通航分道，但如果不得不穿越时，应尽可能与分道的交通总流向成直角的船首向穿越。"这一规定与狭水道穿越规定相比更严格。但如不得不穿越，应尽可能以与分道的船舶总流向成直角的船首向穿越，规则明确了是船首向与船舶总流向成直角穿越。

其次，为了进一步理解规则的规定，让我们从问题入手。下面是1992年6月，大连海运学院（现大连海事大学）航海分院，驾驶88级毕业答辩时的两道船舶避碰抽签应用题。

应用题之一（题号36）：某轮经英吉利海峡西南部，走分隔航道去伦敦方向的提尔波罗港，在福克斯通（Folkestone）附近上引航员。我们设想了A、B和C三条计划航线，如图2-42所示。请问：哪条航线更符合避碰规则"分道通航制"的规定呢？为什么？

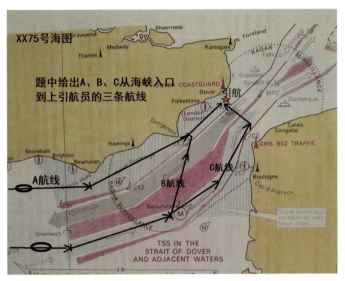

图2-42 从E海峡分道入口，在Folkestone处上引航员进港示意图

考生回答如下：C航线更符合避碰规则"分道通航制"的规定，因为：其一，在相应的通航分道内顺着该分道的船舶总流向行驶；其二，尽可能让开通航分道线或分隔带；其三，不得不穿越通航分道时，尽可能以与航首向分道的船舶总流向成直角穿越。

而A航线主要违反了《1972年国际海上避碰规则》第十条第4款关于"当船舶可安全使用临近分道通航制中相应通航分道时，不应使用沿岸通航带"的规定。

B航线主要违反了《1972年国际海上避碰规则》第十条第3款关于"船舶应尽可能避免穿越通航分道，但如果不得不穿越时，应尽可能以与分道的交通总流向成直角的船首向穿越"的规定。B航线穿越时采取了抄近道斜插通航分道的做法是错误的。

夏国忠教授肯定了考生的回答，同时讲，一般英国海事当局，对使用英吉利海峡"分道通航制"采用上述A、B航线航行的船舶，都会提出严重警告，并发文明确提出这种航行方法违反避碰规则"分道通航制",应当坚决予以避免。

应用题之二（题号30）：如果你是A船的驾驶员，按照规定，航行于某分隔航道的通航分道上，突然发现一艘违反避碰规则关于"分道通航制"规定的B船，从你船首右往左穿越航道致有碰撞危险，请问：这时候谁是让路船？为什么？

考生回答：根据避碰规则，A船应是让路船，他船是直航船。这是因为，虽然第十条关于"分道通航制"规定了船舶在使用分道通航制时应当遵守的规定，但是，并未规定在碰撞危险时，可以不按避碰规则避让他船，当一船和另一船存在碰撞危险局面时，仍然应按照避碰规则有关"对遇、交叉、追越"等规定进行避让。

夏教授又追问："你认为该怎样避让他船呢？"

考生回答："本题应属于两船交叉相遇，我船是让路船。通常，在环境允许的情况下，我船应大幅度右转向让路他船。"

同时考生提出疑问："这不是不遵守'分道通航制'的规定吧？避碰规则对于这一点的规定是否存在瑕疵呢？"

大连海事大学刘正江教授表扬了考生，并解释说："当然也不是，如果发生了碰撞事故，法官也一定会对违反了'分道通航制'规定的船舶裁判重罚，使其承担相当大的责任。"

再进一步说明一下，规则为什么提出"直角穿越"呢？之所以这样规定，其目的就在于最大限度地减少穿越船在通过分道通航制区域时航行的时间，以及更有利于VTS系统实施严格的管理。

于船长说，目前在多佛尔海峡，英国海岸警卫队在发现穿越角度偏差达到±20°时，也就是夹角为70°或110°时，就会对船舶发出警告。虽然英国政府的公开声明中，不允许任何偏差的存在，但实际上，±10°是允许的范围。

小结一下：《1972年国际海上避碰规则》第十条第3款的规定也被普遍认为适用于任何时候，也不论当时是否有船正在分道中行驶。除非遇有特殊情况，诸如需要避让他船或天气条件异常恶劣或帆船因风向的关系使其无法做到直角穿越，等等。

耳听为虚，眼见就一定为实吗？

——谈克服瞭望中的隧道视觉现象

第十一届全国人大常委会第十四次会议听取和审议了《国务院关于加强道路交通安全管理工作情况的报告》。为了准备审议时发言提纲，我在查阅有关资料时，首次接触到了隧道视觉（tunnel vision）的概念。

何谓隧道视觉呢？隧道视觉是指失去了中心视觉以外的外围视觉，视野中只剩下了一个狭窄的圆形隧道式的区域。

首先，让我们来看一个隧道视觉的实验。

如图2-43所示，在实验用的电影视频中，两支5人的球队各打一场篮球赛。一队穿蓝色运动服，另一队穿红色运动服。若干人作为观众被要求观看这部电影视频，并按要求计算出篮球在地板上反弹的频率。两分钟后，电影视频停止了，人们给出了不同的答案。当被问及这部电影视频中是否有值得注意的其他东西时，大多数人说他们没有注意到任何其他东西。人们被要求又看了一遍电影视频，答案基本上是一样的。当被问及是否有人看到大猩猩时，大多数人都说没有看见。最后，人们再次看了这部电影视频之后，每个人都好几次看到了视频里的那只大猩猩。

从实验中得出的结论是：当大脑专注于给定的任务时，对其他事情没有关注或者关注极其有限。

图2-43　隧道视觉实验示意图

我自己也曾经做过一项相关实验。30年前，我在大连海事大学当教师时，给两个船舶驾驶班66个学生讲"电航仪器"课。有一次，我事先安排好仪器教研室的洪刚工程师，在上课20分钟后，在我正讲最精彩的陀螺仪视运动时突然闯进教室，在说完一句话后就马上离开教室。然后，我立即给每个同学发了一张试卷。试卷中只有5个问题。一是进来的人戴没戴帽子？二是进来的人从讲桌上拿没拿走任何东西？三是进来的人手里举着什么东西？四是进来的人是男是女？五是进来的人摸没摸我的头？结果是：全部答对的只有1人，答对两个以上的只有10人。

日常生活中也有类似的例子。当你在公路上开车，发现前面堵车的时候，往往已经太迟了。等你看到前车的两个尾灯，发现很快就要靠近它们了，这个时候就太晚了。原因就是你受到了"隧道视觉"现象的影响。

如图2-44（a）所示，该图显示了一个拖船和渡轮向后行驶。但是，你第一眼看到它们的时候，会觉得它们正在往前航行，不过马上你就会意识到它们其实是在向后行驶的。而船正在向前航行，你第一眼看到它们的时候，会觉得它们是停止的，如图2-44（b）所示。

(a)隧道视觉的例子(图片来源：*The Colregs Guide*，Klaas van Dokkum)

(b)隧道视觉的例子,船正在向前航行,你第一眼看到它们的时候,会觉得它是停止的

图2-44　隧道视觉

如何看待此类情况呢？最重要的就是一定要认清、理解人类思维的这种局限性。眼见的不一定就是事实。有一次，在审议刑法修正案时，我就提出"眼见"和"口供"不能作为完全证据的建议。

面对所看到的重复情形，比如一个港口船舶每天靠港、进港的样子，尽量强化批判性思维和逆向思维。

研究表明：可以引起隧道视觉的原因有很多，如人的生理因素、环境的客观条件因素等。隧道视觉是驾驶员的视区收缩到前面的目标上。视野或边缘视觉范围大大减少，对航行安全有潜在危险。在道路安全中，车辆在高速公路行驶时，驾驶员越注视远方，视野越窄，注意随之集中于景象的中心而置两侧于不见，容易发生危险。例如，有一辆灰色轿车行驶在高速路的右车道上，从左车道上驶来一辆红色轿车，突然把右车道上的灰色轿车蹭翻了。当警察问他为何好好开着车，就会蹭在右侧车上时，红色轿车司机竟然说不知道，没发现右侧有灰色轿车。我认为这就是受到隧道视觉现象的影响，但许多人对这种现象不注意。

同理，船舶在狭水道航行时，驾驶员一心盯着前方瞭望，对两侧视而不顾，很容易产生隧道视觉现象。一旦在船的两侧突然有小船出现，就容易发生碰撞事故。

在《1972年国际海上避碰规则》第五条中提出了"正规瞭望"，但没有对

"正规瞭望"做出定义。但最重要的就是瞭望方法要正确，应当是360°的瞭望。瞭望应当采用"先近后远、由左到右、由前到后、瞻前顾后及周而复始"的方法。大脑中务必树立全方位观察思想；瞭望人员应当来回走动，消除隧道视觉的影响；也应消除视野被大桅、通风筒、甲板货物等遮蔽所造成的盲区的影响；同时驾驶员一定要重视使用航海雷达的瞭望方式，因为雷达不受隧道视觉现象的影响。

知识扩展：

什么是逆向思维？它是指从对立的角度去思考问题的思维方式。人类常规的思维模式是从起点到终点，沿着事物发展的正方向思考问题，而逆向思维是把目标倒推回来，倒着寻找方法的思维模式。当大家都沿着同一思维去思考问题时，如果你沿着相反方向去思考，就会得出创新的解决方案。逆向思维具有普遍性、批判性、新颖性等特点。

第三章

权利与义务

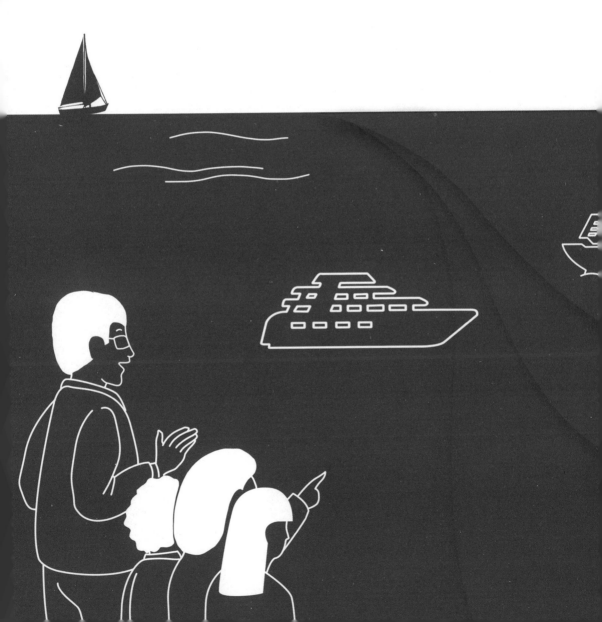

谈避碰规则中追越的概念

我们很多人会开车，让我们先看一下什么是超车。超车是前后两车在同一车道内，通过变道后车超越前车，必须从前车的左侧超越，然后再回到原车道上，此时在同一车道内前车变后车，而超越的后车变为前车的过程。船舶追越与超车雷同，但情况却复杂得多。

根据《1972年国际海上避碰规则》第十三条第2款的定义，追越是指一船从他船正横后大于22.5°的某一方向赶上他船。在夜间，追越船只能看见被追越船的尾灯而不能看到其他的任一舷灯时，应认为是在追越中。该船称为追越船，他船称为被追越船，如图3-1所示。

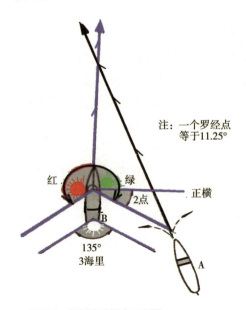

注：一个罗经点
等于11.25°

红　　绿

2点

正横

B

135°
3海里

A

图3-1　船舶追越概念示意图

1.追越船的义务

《1972年国际海上避碰规则》第十三条第1款规定："任何船舶在追越任何他船时，均应给被追越船让路。"这意味着第十三条的规定优于其他条款的规定，在互见中应当是追越船让路被追越船。换句话说，不管是什么情况，追越船均应给被追越船让路，这是义务。

2.追越局面的构成要件

根据《1972年国际海上避碰规则》第十三条第2款的规定，构成"追越"应具备三个要件：

一是两船方位上，后船位于前船正横后大于22.5°的任一方向上；二是两船距离上，后船用视觉能够看到前船尾灯距离范围之内；三是两船速度上，后船速度一定大于前船速度。

上述要件中第一是表明两船间的相对位置，即后船必须位于前船尾灯的水平光弧区之内，也就是说，在夜间只能看见被追越船的尾灯而不能看见它的任一舷灯。如果能够看到前船的舷灯，那就不是追越，是平行。这一要件是确定是否构成"追越"的一个基本要件。

第二是表明两船间的相互距离，在规则中并没有直接规定构成追越的距离要件。但从"在夜间只能看见被追越船的尾灯而不能看见它的任一舷灯时，应认为是在追越中"这一规定可以看出，构成追越的要件之一是后船位于前船的尾灯光照距离内。换句话说，后船必须进入前船尾灯的能见距离范围之内。若后船用视觉观察仍然无法看到前船尾灯，即使后船确实位于前船正横后大于22.5°的任一方向上，"追越"局面仍不能成立。

在夜间，船长大于等于50米的船舶的尾灯的法定能见距离为3海里，通常认为，当后船赶上前船且距离小于3海里时，就满足了构成追越的距离要件。

第三个要件的意思表明如果后船的速度不大于前船，追越就无从谈起。

两船在互见中相遇，只要满足上述三个要件，两船就构成追越。不论构成追越的船舶属于何种类型的船舶，也不论船舶所处水域是宽敞的水域、狭水道或者分道通航制水域内。

换言之，追越条款适用于任何船舶、任何水域。值得注意的是，追越并不以构成碰撞危险为前提条件。

在远洋船上做了25年船长的家慧校友说，他从来不敢随意追越，因为追越很危险，极易发生碰撞事故。根据《1972年国际海上避碰规则》的三个条件完成追越是件很麻烦的操纵。试想，在当前各种船速大都差不多的情况下，追越谈何容易。在大多数情况下，追越既无意义又没有太多必要。

家慧船长开船的做法给我的启发是，做任何事情都一样，如果能够多维度和多角度地思考问题，就可以化解很多难题，甚至产生不可思议的非凡结果。

知识链接：

什么是罗经点？

为了更准确地表示方向，早在古代航海的时候，就已经把每个象限划分为8个部分，而整个地平则被分成了32个部分。这样所得的32个方向被称为"点"。"点"也可被解释为两个相邻方向的夹角，故"点"的角量等于：

$$360° ÷ 32 = 11.25°$$

所以每一侧舷灯为112.5°，就相当于10个罗经点的水平弧内显示不间断的左红右绿灯光，如图3-2所示。那么，船舶正横90°就对应着8个罗经点。

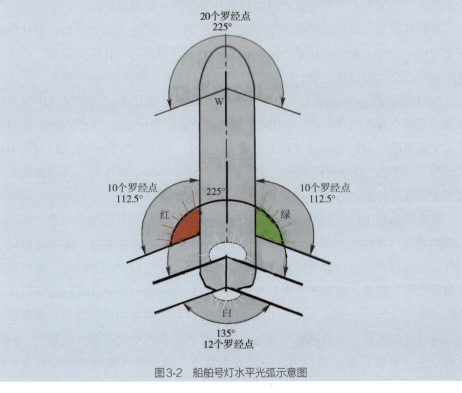

图3-2　船舶号灯水平光弧示意图

谈船舶追越中避让的法律关系

你可能听说过"天下没有免费的午餐"这句话，它包含了相当多的哲理。为了得到一件喜爱的东西，我们通常就不得不放弃另一件喜爱的东西。做出决策时就是要求你在一个目标与另一个目标之间进行权衡与取舍。

甲、乙两船，甲船在前，乙船在后，乙船考虑是否超过甲船早点到引航站。乙船可以四平八稳地跟在甲船后面，也可以铆足劲儿追越。如果追越，就面临着要承担《1972年国际海上避碰规则》第十三条规定的全部责任，即任何船舶在追越任何他船时，均应给被追越船让路。这就意味着，进入追越中的任何船舶均为让路船。知道为了得到什么而可以放弃什么，这才是智慧。

避碰规则之所以把让路的责任指配给追越船，主要是考虑追越船在避让中始终处于主动地位，无论是用舵让还是用车让，通常都不会有任何的困难。由于追越船通常以更大的速度行驶，因此，有可能在较早时间内看到被追越船。

2003年，第十届全国人民代表大会常务委员会第五次会议审议《中华人民共和国道路交通安全法》时，《中国交通报》的翟记者问我："为什么在超车时发生了交通事故，有的委员建议超车者应负全责？"我说："立法本意就是不希望你超车呗。"同理，避碰规则规定，把让路的责任全部归于追越船，其宗旨就是不希望去随意进行追越。

在确定追越中两船的避让责任时，通常认为：一是在开阔的水域中，若当时的局面具备"追越三要件"，则追越船即负有让路的责任与义务，而被追越船也同时负有履行直航船行动规则的权利与义务；二是在受限制的水域中，若需被追越船采取适当措施，才能保证追越船安全通过，则两船间的避让责任通常以被追越船鸣放"一长、一短、一长、一短"的声号，并采取适当措施之后，追越船实施追越时开始生效。若追越船在被追越船未鸣放同意声号之前即开始追越，则将认为这是一种强行追越的行为。一旦发生碰撞，该船将可能被指控犯有重大过失，甚至将因此而承担全部责任；三是在追越中，两船间的关系一旦形成，不管随后两船间方位发生什么变化，追越船始终应承担让路船的义务，直至驶过让清为止，如图3-3所示。

图3-3　追越中两船的避让责任关系示意图

《1972年国际海上避碰规则》第十三条第4款规定："随后两船间方位的任何改变，都不应把追越船作为本规则各条款含义中所指的交叉相遇船，或者免除其让开被追越船的责任，直到最后驶过让清为止。"

如对情况存有怀疑，追越船队难以判定本船是否在追越他船时，应当假定是在追越中，并采取相应的避让措施。

对此，海事法官这样说："追越船应对被追越船承担全部避让义务，直至最后驶过让清为止。"在这个过程中，不论双方的相互方位有任何变化，追越船不应把自己当作交叉船，而应始终有避让责任，否则就要承担法律后果。

最后，我们可以得出这样一个结论：就大多数情况但不是所有情况而言，追越不是一个好行为。关键是，要记住追越要承担避让的所有责任与义务。

有个段子是这样说的："追不上的，不追！背不动的，放下！"

谈船舶追越的特点

在海上航行时追越他船，往往是给自己添堵。看一看追越的特点，就可以理解为何是给自己添堵。

追越的特点是两船相对速度小，并行或持续时间长，两船不易分开。虽然相持时间长，能够给驾驶员提供判断思考时间，但是若追越中两船的横距较小，容易产生强烈的船间效应，尤其是在狭水道中追越时，这种船间效应更明显。因此，在追越中必须保持足够的横距以防止船吸。同时还要注意到被追越船可能转向或避让其他船只的情况。

追越应当注意什么呢？洪船长说："虽然追越船可以从被追越船任何一侧通过，但习惯上从被追越船的左舷通过更好，追越时要保持一定距离以免发生船吸，当两船船速较高，平均时间维持较长追越时船吸现象更为显著。"

那被追越船应如何做呢？被追越船应保持原航向、航速直至完全让清为止，同时也应注意追越船的行动，随时准备应急措施。特别是在追越船赶上被追越船时，追越船千万不要盲目转向。在狭水道航行时，要注意鸣放追越声号等。

1998年8月，交通部所（院）长工作会在上海船研所召开，讨论"九五"交通科技发展规划。会后，船研所王处长送我一本他写的《3650天的跑船之路》一书，他曾在交通部上海远洋公司任船长，书中记录了他本人在船上10年的工作经历。

书中有一段"追越"变成"盲追"的真实经历。当年，作者在A船上任三副。

一个清新的早晨，阳光刺透绚丽的朝霞，洒下一道道金灿灿的光辉，轻风微微地吹拂着，几只海鸥在波光粼粼的海面上横掠着。这是一幅多么有趣的画面呀！

A船离开西班牙的拉斯帕尔玛斯港，驶进直布罗陀海峡。

上午10点多，船长在驾驶台，这时候轮机长也上了驾驶台，他吸烟时喜欢跟船长斗嘴。他们两人眺望着波涛浩渺的海面，这时轮机长呼喊起来："海豹，船长你看海豹。"在左舷不远的波涛里，三五头海豹，头伸出海面，乐呵呵地看着大船，似乎在与他们打招呼。

正在开心时，船长眼角扫到了右舷不远的一艘B船，说来也怪，B船和A船并行着。船长就和轮机长商量说："看来右舷的B船和我们的车速差不多，我们跟他赛一下，你看怎么样呢？"轮机长说道："船长下令就来一下，车速稍加几转试试。"

11点10分，B船在A船右前约0.8海里，这时A船主机锵锵声稍快了一点，轮机长已经行动，船速加快了。11点30分，A船过浮标后，已经追上B船相平而行，横距约350~400米，船长拉汽笛两短声要求追越，B船没有反应，A船船长认为可以追越。

11点50分，二副上驾驶台，三副下班。A船的驾驶台与B船的船首接近齐平，横距约150米。A船船长让二副打电话给机舱，再加大点速度，尽快超过B船。

12点00分，A船船尾平B船船首，横距不到100米了，见B船船首向A船船尾左靠近，这时候A船船长脸色苍白，急切命令左满舵，停车，继而改右满舵，企图避开B船，但大势已去，无法挽回了。

再看B船的情况，11点30分，B船听见A船追越声号，认为A船船速又不快，追越个什么劲，也就没有理会。

11点50分，B船船长下令减速，前进二。12点02分，B船船长又命令前进三，右满舵，企图防止本船船首被A船吸靠。

12点05分，在船吸力的作用下，A船船尾与B船船首碰撞。A船与B船碰撞过程如图3-4所示。

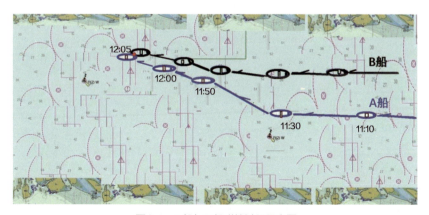

图3-4 A船与B船碰撞过程示意图

如果你是法官，你会怎样裁判呢？最后西班牙当地法院裁判 A 船承担 85% 的责任，而 B 船承担 15% 的责任。法官解释 B 船要承担 15% 的责任，是因为没有按规定鸣放声号。

事后，A 船船员背后称船长为"敢追"船长，简称"敢船长"。

这个故事说明了一个基本原理：在追越时，应注意船吸现象。这只是具体的，不是大框架思考，大框架比具体细节重要得多。大框架思考是：如果你的能力不大，欲望就不要太多，否则痛苦的是自己。

谈避碰对遇局面三要素

1月16日早上，北京开始下小雪，还伴着小雨，不久就见鹅毛般的雪花从乌云密布的天空中撒落下来，地上一会儿就白了。

我骑自行车去和平里，进入东四大街时，发现前面发生了一起交通事故。一辆黑色的奥迪与一辆白色的宝马几乎对头相撞，不算严重，人没伤着。交警来了，批评宝马的女司机说："你只要向右稍打点方向盘，事故就不会发生了。"女司机说："看到对面来车向我这边靠，似乎有危险了，我就有点懵了，向左打方向盘了。"听到这些，我想起这和避碰规则中的对遇局面有点相似。

根据《1972年国际海上避碰规则》第十四条第1款的规定，对遇局面是指两艘机动船在相反的或者接近相反的航向上相遇致有构成碰撞危险的局面。

很显然，构成对遇局面必须具备三个要素：其一必须是两艘机动船；其二是两船航向相反或接近相反；其三是致有构成碰撞危险。三者缺一不可。

有关"机动船"的定义在《1972年国际海上避碰规则》第三条中已经明确。再根据《1972年国际海上避碰规则》第十八条的含义，所谓"机动船"，应除出失去控制的船舶、操纵能力受到限制的船舶和从事捕鱼的船舶之外的用机器推进的船舶。

所谓"航向相反"，是指船舶的船首向，不是航迹向。航向相反是指两船船首向相差180°左右。

所谓"致有构成碰撞危险"，在对遇局面中，判断碰撞危险时一般侧重考虑的是两船之间的横距和两船之间的距离。两船之间的横距，实践中可用两船间的最近会遇距离（DCPA）来判断，如图3-5所示。

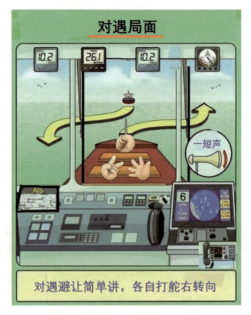

(a)对遇局面示意图

(b)不说出口你也能懂

图3-5　对遇局面

由此可见，对许多简单问题不要想复杂了。

谈对遇局面的判断方法

如何判断是否存在对遇局面呢？2020年10月9日上午，带着这个问题，我打电话与某货运公司吴总船长进行了交流。根据避碰规则对遇局面的定义以及其构成的要素，在实际工作中，吴总船长认为，采用如下的判断方法为宜：

一是根据两船间相互的方位予以判断。当一艘机动船在其正前方或接近正前方发现另一艘机动船以相反或接近相反的航向相互逼近时，可以认为业已构成对遇局面。

所谓的"正前方"，也就是在一船首向的延伸线前方某一个位置上。所谓的"接近正前方"，通常是指在一船左右两舷各1°~3°的舷角范围之内。

二是根据他船号灯或相应形态予以判断。在具备在正前方或接近正前方的前提下，夜幕降临时，若发现一船两盏桅灯成一直线或接近成一直线，可认为业已与他船处于对遇局面之中，如图3-6所示。

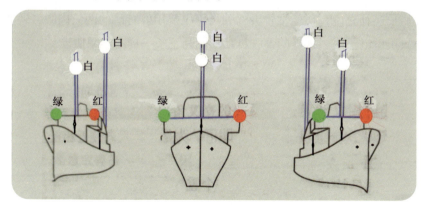

图3-6　夜间判断对遇船的示意图

若船长小于50米，或某些种类的船舶被避碰规则指定不得显示桅灯，如执行引航任务的机动船，则通常以同时发现其红、绿两盏舷灯作为判断当时局面的依据，并且也比较准确。

在白天，当一船在正前方或接近正前方发现来船的上述相应形态，来船的两根大桅成一直线或接近一直线，或发现一船的驾驶台正面对本船，也可认为两船业已处于对遇局面了。

三是对当时的局面持有怀疑。当一船对是否存在对遇局面持有任何怀疑时，为了稳妥起见，应假定确实存在对遇局面。所谓的"怀疑"，通常表现为下列各种情况：在夜间，一船在正前方或接近正前方，难以确定来船两盏呈"开门状态"的桅灯是否已符合接近成一直线，或仅发现一盏白桅灯，对究竟是追越还是对遇持有怀疑；或时而发现红舷灯，时而发现绿舷灯，对两船航向是否相反或接近相反难以做出断定。

在日间，对位于本船前方小角度上的来船，究竟能否导致在安全的距离上驶过则心中无数；或对当时的局面，究竟是小角度交叉还是对遇；或对于当时的局面，是属于安全通过的对驶还是对遇，难以做出正确的判断。

对位于本船正前方或接近正前方的来船究竟是一艘普通的机动船还是行动受阻碍的船舶，例如操限船、失控船、从事捕鱼船，则难以断定、存在怀疑等。

总之，若一船存在有任一怀疑时，应立即假定确实存在对遇局面，及时采取避让措施。我船应及早地大幅度向右避让，明确表示我船动向。同时鸣放操纵声号，以免在来船接近中造成紧张局面。

吴船长还补充说，他经常告诉驾驶员不仅要用好自己的两只肉眼，还要用好雷达这只千里电子眼。这样的驾驶员就如同马王爷一样有三只眼。

谈对遇局面两船的避让行动

《1972年国际海上避碰规则》第十四条第1款规定："当两艘机动船在相反的或接近相反的航向上相遇致有构成碰撞危险时，各应向右转向，从而各从他船的左舷驶过。"

在这种对遇情况下，两船均负有采取相同的避让行动的义务与责任，两船不存在谁给谁让路的义务，如图3-7所示。

图3-7　对遇局面右转向

1. 操船的特点

两船处于对遇时的特点是：两船的交角为180°，相对速度大，双方接近快，例如两船航速各为15节，相距3海里，则6分钟两船就相遇了。

因此避碰操纵应当注意：一是在狭水道中对遇，应当考虑减速，以争取减小相对速度；二是在开阔海域对遇，应当及早右转避让；三是不能把非对遇或者接近对遇作为对遇来处理，反之也不行，这都将造成双方动作不协调而导致碰撞，特别是在夜间更应当警惕。

让我们看看这三种情况，它们属于非对遇状态或者是接近对遇状态，如图

3-8所示。

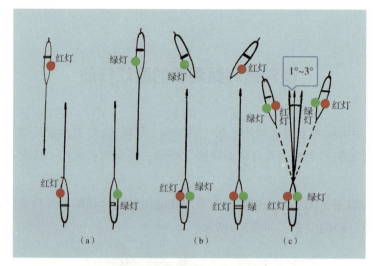

图3-8 不属于对遇局面示意图

第一种（a），双方对驶，红灯对红灯或者绿灯对绿灯，完全可以安全通过。

第二种（b），在正前方，看见来船一盏红灯而没有看见绿灯，或者看见绿灯而看不见红灯。即问即答：你认为这是什么情况呢？

第三种（c），在船首左右超过3°的任何方位，同时看见来船的红、绿两盏舷灯。即问即答：你认为这是对遇局面吗？

2. 对遇局面碰撞案例分析

1999年9月11日，19点45分，A、B两船航行在黄海海域，天气晴，东南风3级，大副交完班三副接班，两船船长均在驾驶台，如图3-9所示。

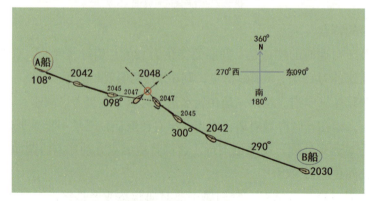

图3-9 A、B两船对遇局面碰撞案例示意图

先看 A 船情况。20 点 42 分，A 船真航向 108°，对面来了 B 船。A 船看见了 B 船两盏桅灯，相对方位不变。A 船三副对船长说对面有来船，A 船船长没吭声，自己心里认为是抛锚船；到了 20 点 45 分，A 船船长命令左舵 10，真航向为 098°，把定航向；到了 20 点 47 分，A 船船长手忙脚乱，接连两次左满舵；到了 20 点 48 分，两船相撞。

我们再来看 B 船。20 点 30 分，B 船看见对面 A 船，同时三副通过望远镜又看到 A 船的红、绿两盏舷灯；到了 20 点 42 分，用肉眼看见 A 船的红、绿舷灯，B 船长命令右舵 15°；到了 20 点 45 分，B 船船长突然发现 A 船的绿色舷灯，但没太在意；到了 20 点 47 分，B 船长见势不妙，马上命令停车，后退三，右满舵；车还没有来得及起作用，到了 20 点 48 分，两船便相撞了。

如果你是法官，你会怎样裁判呢？有位法官这样说，A 船的错误是：在 20 点 42 分看见 B 船大桅灯，相对方位不变，说明对遇局面致有碰撞危险，采取右转向，则危险可能避开。如能认真瞭望，则在 20 点 42 分后，相距约 2 海里时，应看到 B 船的红、绿舷灯，但由于瞭望的疏忽，并没有发现 B 船的舷灯，错误判断来船为抛锚船而连续采取左转，形成严重碰撞态势；在 20 点 45 分转向为 098° 后仍然未重视瞭望，一直没有发现 B 船的红色舷灯，当两船相距 1 海里已进入双方旋回圈内时，又没有采取全速倒车以减轻碰撞后果，反而用了左满舵与 B 船成"T"字形碰撞，加重了碰撞后果。这次对遇碰撞事故中，A 船承担的责任是主要的。

但是，法官话锋一转，B 船的错误是：在 20 点 45 分双方相距 1 海里时，突然发现 A 船的绿色舷灯，说明情况变化已经形成紧迫危险，应立即用五短声的怀疑声号警告 A 船，同时应采取相应措施，但 B 船却在此时观望了两分钟，致使采取倒车措施太迟，车、舵都未起到作用，未能减轻碰撞损失，所以 B 船也有过失错误，理应承担一定的责任。

即问即答：当你船在大洋中航行，在正前方看见了他船的两盏大桅灯接近成一直线，并看见了两盏舷灯，由于有风浪，偶尔见不到他船的红色舷灯，你船应采取什么行动呢？

谈交叉相遇局面的三要件

《1972年国际海上避碰规则》第十五条规定："当两艘机动船交叉相遇致有构成碰撞危险时，有他船在本船右舷的船舶应给他船让路，如当时环境许可，还应避免横越他船的前方。

构成"交叉相遇局面"应具备的三个要件是：一是两艘机动船；二是交叉相遇；三是致有构成碰撞的危险，如图3-10所示。

所谓"机动船"，其含义与对遇局面中所指的机动船概念是一样的，也是指除操限船、失控船、从事捕鱼的船舶之外的一切用机器推进的船舶。所谓"交叉相遇"，通常是指两船首向交叉，但不包括对遇局面与追越局面中曾涉及的两船航向交叉的情况。所谓"致有构成碰撞的危险"，是否构成碰撞危险，这是判断交叉局面是否成立的一个要件。

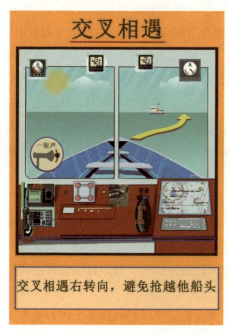

图3-10　交叉相遇船舶三要件示意图

事实上，理解概念不难，面对避让才难。让我们来看一则新闻报道：2004年12月7日21点35分，巴拿马籍集装箱船"H"轮从深圳盐田港驶往新加坡港途中在珠江口担杆岛东北约11海里处，与由深圳赤湾驶往上海的德国籍集装箱船"M"轮交叉相撞。两船均有破损，其中一轮有一个燃油舱严重破损，船用重油开始不断地向外泄漏，约有450吨（后公布是1200吨）燃油泄漏，在海面形成了长约9海里、宽约200米的油带，如图3-11所示。

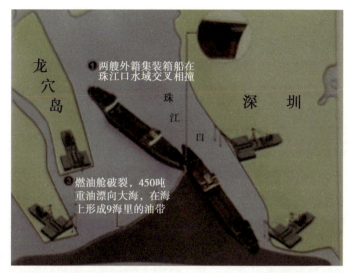

龙穴岛

①两艘外籍集装箱船在珠江口水域交叉相撞

珠江口

深圳

③燃油舱破裂，450吨重油漂向大海，在海上形成9海里的油带

图3-11 两艘外籍集装箱船在珠江口水域交叉相撞示意图

再提示两句：一句是交叉相遇容易出事故，另一句还是交叉相遇容易出事故。

从牛船长避让说起

——看交叉相遇局面两船的避让关系

有件事给我印象较深。1996年夏天，我去青岛远洋船员学院调研，遇到一位老乡，是该学院负责航海模拟器培训的教员，他给我讲了这样一段故事。

1986年6月的一天，天气晴朗，东北风2级。晚上7点钟，一轮铜盆般的月亮从海边上升起来时，银白的月光洒在海面上，海面轻浪，稳定的浪头都染上了月亮的颜色。太阳刚刚进入海里，水天线上还残留着一大道长长的红霞。瘦小的星斗在日月之间暂时地放出苍白的光。海面上朦胧着一种神秘的气氛，没有浪，没有涌，除了船航行激起的海水上的主机声以外，没有其他任何声音。月亮升起，太阳落下，星光亮着的时候，甲、乙两艘万吨级轮船航行在渤海湾水域，甲船是杂货船，满载从天津港开往日本横滨港。船长是山东临朐人，身高1.80米，姓牛，大家都称呼他老牛船长。乙船是干散货船，满载煤炭从秦皇岛港开往欧洲汉堡港。船长姓桑，船员都称呼他桑船长。

这天晚上9点整，甲船航向为001°，航速12节，三副看到右舷方位有一船，经过观测方位变化不大，恐怕有交叉局面碰撞的危险，便提醒老牛船长是否应当右转向让他船。牛船长把眼睛一瞪："等一会儿再说！"接着他又补充一句："看看对方让不让我们。"三副心里嘀咕："真是'牛'牌船长。"9点15分，三副从雷达测得交叉相遇船距离2海里，又提醒牛船长，牛船长又说："等一会儿再说。"9点25分，牛船长一下子蒙了，对方真没有让的意思。他大叫一声："不好！停车，后退三！"9点30分，甲船还是与乙船相撞了，如图3-12所示。还算幸运，损失不严重，只是后二舱被乙船蹭了一下。

回过头来，我们再看看乙船的情况，晚上9点左右，乙船在航标处转向，航向为300°，船速为12.5节。乙船发现了甲船，但是桑船长认为自己是直航船，相信甲船一定会让自己，自己的船应保持航向和航速航行。9点20分，桑船长感觉似乎不对劲，命令停车，后退三。9点26分，乙船速度已经减下来了。结果还是在9点30分，乙船的船首跟甲船的后部"吻"了一下。乙船速度很慢，船首位置没有太大损坏，于是继续航行了。

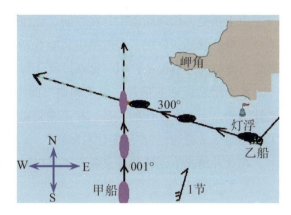

图3-12　甲、乙两船相撞示意图

处理结果：由于甲船后舱受损，公司电报命令甲船先到大连红旗船厂修船。甲船应是让路船，而没有及时避让，严重过失造成船舶碰撞。公司决定扣掉全船的航次奖。到大连后，公司派来新船长，老牛船长下船到公司机关待命。从此老牛船长再没有上过船。

老牛船长有何错呢？我们先来看看规则的规定。根据《1972年国际海上避碰规则》第十五条的规定，当两艘机动船交叉相遇时，有他船位于本船右舷的船舶，本船为让路船。换句话说，本船负有让路的义务；反之，有他船位于本船左舷的船舶，本船为直航船。显然甲船是让路船，应主动向右转向避让乙船，如图3-13所示。

图3-13　交叉相遇局面中船舶间的法律责任关系示意图

由于在交叉相遇局面中，在夜间，让路船只能看到直航船的红色舷灯，而看不到其绿色舷灯；反之，直航船也只能看到让路船的绿色舷灯，而看不到其红色舷灯，海员的通俗说法，叫"见红灯就让"，绿灯船为让路船，红灯船为直航船。

依据避碰规则的精神，交叉相遇局面中的两船，一方是让路船，另一方是被让路船，不存在互让的关系。在道路交通中，两车相遇，"转弯让直行"。在海上，两船交叉相遇，"左舷船让右舷船"。

在这种情况下，让路是义务，不是权利，义务不能放弃，必须履行。

在交叉相遇的情况下如何避让呢？

　　海上航行交叉相遇是常事，所以规范交叉相遇的行为十分必要。《1972年国际海上避碰规则》第十五条明确规定："当两艘机动船交叉相遇致有构成碰撞危险时，有他船在本船右舷的船舶应给他船让路，若当时环境许可，还应避免横越他船的前方。"

　　首先，让我们看看两船的避让过程的权利与责任的划分。《1972年国际海上避碰规则》明确规定："有他船在本船右舷的船应给他船让路。"根据这一规定，谁是让路船，谁是直航船，显然已经很明确。有他船在本船右舷的船舶为让路船；反之，有他船在本船左舷的船舶为直航船，即是航海上的"让红（灯）不让绿（灯）"。

　　交叉相遇的范围是两船彼此互相望见对方一侧舷灯；双方航向交叉而距离逐渐接近。两艘机动船交叉而有危险时，首先要分清谁是让路船，谁是直航船。在夜间，显示绿灯的船为让路船，应当负责让路；显示红灯的船是被让路船，应保持原航向和航速。两船中，一船是让路船，另一船是被让路船，权利和义务不一样，不是互让的平等关系。

　　其次，我们再看看交叉相遇的特点。第一种情况，是交角大于90°时，如图3-14（a）所示。在这种局面下，双方相对速度较大，接近较快。第二种情况，是交角小于90°时，如图3-14（c）所示，相对速度较小，接近也慢，但两船相持的时间较长，容易误解成追越船。

　　再次，看看交叉相遇时避让操纵的原则。中国远洋运输（集团）公司（以下简称"中远"）的总船长跟我说，让路船应及早地采取足够的行动用转向、减速、停车以及倒车等措施给被让路船以宽容大让，在当时环境允许时，应当避免横越对方的船首。被让路船的操纵原则是保持原航向、航速，但不能放松警惕，应努力注意对方的行动，必要时应以规定的汽笛声号警告提醒对方，同时做好准备，一旦陷入紧迫危险时，好采取紧急避碰措施。

最后，看看三种情况下，让路船的避让操纵要点。

第一种情况，两船交角大于90°时，如图3-14（a）所示，在这种情况下，让路船A应当采取右转向，夜间显示红色舷灯，从B船船尾驶过。A船向右转向让路时，同时鸣放嘟一短声操纵声号。

第二种情况，两船交角是直角或接近直角交叉（横交）时，如图3-14（b）所示，让路船A船应当采取右转向，从B船船尾通过；或者是保持原航向，停车减速，等待B船从本船前方驶过。余船长说，一般船长不太喜欢采取停车的措施行动。

也有人认为：

当B船的方位向A船船头变化较快时，为了使B船顺利通过，可向左转向避让，必要时可减速或停车，鸣放相应声号。

当B船的方位很快向A船船尾

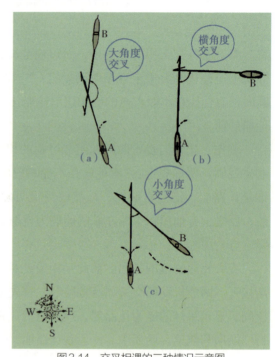

图3-14 交叉相遇的三种情况示意图

变大时，如断定B船可从A船船尾安全通过，A船只需小心观察B船行动，如B船变速或者变向，A船就要根据具体情况采取进一步措施。

当B船方位不变或者变化不大时，就应当认为有碰撞危险，这时如果两船距离还远，A船应当向右转向避让，如果距离甚近，则应当减速、停车甚至倒车避让。

如有碰撞危险，A船向右转向避让，是习惯上比较安全的做法。A船应尽早向右转向，对准B船船尾以外，把B船放到A船船首左侧，在夜间使B船看到A船红色舷灯。根据B船方位变化，A船将重新定位并将航向转回到原航向，如图3-15所示。

第三种情况，两船交角小于90°时，如图3-14（c）所示，即交角小于90°交叉时。B船在A船正横附近，这时A船采用减速或者停车等避让效果更好，如果当时为了避免与右正横附近的来船发生碰撞，则让路船A可采取大幅度左舵转向，必要时甚至可左转一圈，增大双方间的距离，让B船先通过，这种背向B船的避让往往是很安全的，如图3-16所示。或在保持航向，停车减速，等待B船安全通过A船船首后，再动车航行，也是比较可取的。当两船间距离较远时，A船采取右转向，从B船船尾通过，也是可行的。

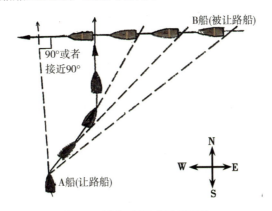

图3-15　横交时避让行动示意图

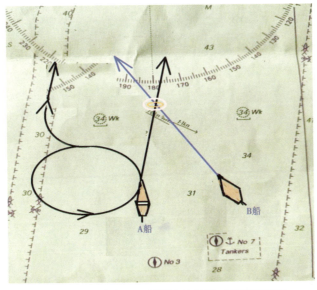

图3-16　小角度交叉局面让路船左旋回一圈操纵示意图

中远的总船长说，这里需注意的是，A船驾驶员有时候会误认为，B船在进行追越，故不采取任何避让措施。从安全角度考虑，让路船A船驾驶员应毫不犹豫地及早采取大角度右转向，采取通过B船船尾的行动。夜间显示出红舷灯，从B船船尾驶过，更安全。

小结一下：交叉局面避让打右舵转向，从被让船船尾通过。

一个交叉相遇避让失败的案例

为了进一步地理解交叉局面，让我们看个案例。

1999年11月10日，20点半钟，黄海南部海域，下着细雨，东南风3级，能见度约8海里，海面大浪。这时A、B两船都在正常航行着，让两位三副意想不到的是，一次碰撞事故即将要发生。

让我们先看看A船的行动，如图3-17所示。

21点钟，A船航向为060°，航速为13.5节，使用自动舵，三副值班。年轻的三副手提望远镜，倚靠在驾驶台的窗前，在右舷50°方位处发现B船灯光，但时有时无。

21点38分，在右舷45°方位距1海里左右看见B船桅灯及红色舷灯，三副竟然认为是同向平行的航行船而没太在意，殊不知是一艘交叉相遇船，三副告诉值班水手盯着点，他去海图室时看看船位情况。

21点40分，值班水手见B船使用灯光信号呼叫，不知何意，立即告知正在海图室进行海图作业的三副。三副让水手将自动舵改为手操舵，把定航向。

21点41分，船长来到驾驶台，一面观看B船的灯光信号，一面拿起望远镜望去，但没明白灯光信号的意思，未听到B船鸣放任何声号。

21点42分，A船船长命令机舱备车。看见B船的桅灯及红色舷灯，知道已形成交叉危险局面，相距很近了，船长急得脸色苍白，说话都有些结巴了。

21点43分，船长立马命令：后退、后退三倒车，左满舵。无奈为时已晚。

21点45分，A船船长大喊："撞上了，无能为力了！"三副和政委站在一旁没说话。

我们再来看看B船的行动：

21点钟，转向后，航向为335°，航速为11节，三副在左舷50°方位发现A船桅灯。

21点35分，B船三副用雷达测得A船方位为270°，距离2.5海里。

21点40分，又测得A船方位不变，距离1海里。未发现A船采取任何行动。B船船长便拉汽笛一长声，并让三副用莫尔斯灯光呼叫。同时让三副认真检查本船的号灯情况是否正常，并记入航海日志。

21点42分，再次测得A船方位不变，距离0.5海里了，仍然未见A船采取避让行动，B船船长纳闷，迟疑半分钟。

21点43分，B船船长意识到已经十分危险，于是下令右满舵。

21点45分，"哐当"一声巨响，A船船首向未变化，A船右舷后尾部与B船船尾左侧相撞。

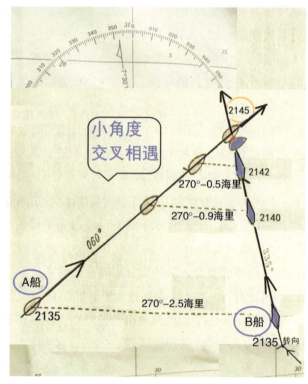

图3-17 A、B两船交叉相遇碰撞示意图

根据以上材料，如果你是法官，你会怎样判决？谁遵守避碰规则不利，谁的责任就更大些。

海事法院吴法官这样说：

A船的错误：自21点到21点38分时间内，B船灯光的相对方位未变，而距离逐渐缩小至1海里左右，说明两船属于交叉角小于90°的交叉相遇，并存在着碰撞危险。但值班驾驶员却盲目自信，判断是同向平行船，思想上毫不在意，忙于在海图室画船位，严重忽视了瞭望。21点40分船长到驾驶台又只注意到B船的莫尔斯灯光信号，对碰撞危险仍然失去警惕，延误两分钟后才发现处于紧迫危险局面而采取倒车措施已经为时已晚，造成碰撞。这次交叉碰撞事故中，A船严重疏忽了瞭望，对《1972年国际海上避碰规则》第十五条执行不力，A船是让路船，应承担85%的主要责任。

法官话锋一转，B船也是有错误的。B船是被让路船，应当保持原航向、航速航行，但在21点40分测得A船方位未变，距离迫近而未见对方采取避让行动时，存在怀疑的船应立即用号笛鸣放至少五声短而急的声号以表示这种怀疑时而没有做，却用莫尔斯灯光呼叫，迷惑了A船，延误了避让的最佳时机。21点43分时才发现紧迫危险，而采取背离规则的紧急措施，但是已经来不及了。所以B船的错误也是造成这次碰撞的部分原因，应承担15%的责任。

交通运输部原安全总监刘功臣曾告诫：驾驶员要多一些忧患意识，少一些侥幸心理，才能避免"小问题"捅出"大娄子"。要避免总是迟到的"右满舵、停车、后退……"的补救措施。

对于船舶的任何碰撞，双方永远没有赢家。其他事情也一样。

谈让路船的避让责任

最近在抖音上看到南京广播电视台的《宏琪说交通》节目，面对拐弯发生的交通事故，交警经常告诫司机"拐弯让直行"，有的司机狡辩说："我已经停车了，让路了，是他撞上我的。"交警则认为，这不叫让路，是挡路。让路应提前让，不是横在人行道上。这位交警讲得很到位。从法理上说，拐弯让路是责任，也是义务，直行的人或者车直行是权利。

联想我们熟悉的道路交通法规，再让我们讨论一下船舶航行中让路船的避让责任问题。

首先，何谓让路船呢？让路船通常指的就是必须给他船让路的船舶。

《1972年国际海上避碰规则》第十六条规定："须给他船让路的船舶，应尽可能及早地采取大幅度的行动，宽裕地让清他船。"

如何理解让路船呢？就规则确定的会遇两船的避让的法律关系而言，让路船是相对于直航船而言的。也就是说，当会遇两船中的一船属于直航船时，直航船是权利船，另一船才应视为让路船，是义务船。

其次，怎样理解"及早采取大幅度的行动，宽裕地让清他船"呢？

这就是船长们经常说的"早让、宽让、大幅度让"的原则。

所谓"早让"，周船长这样说："在看到来船的舷灯时就应采取避让措施。一般在见到桅灯最少能见距离6海里以外就开始判断，见到舷灯最少能见距离3海里以外就应认清来船的种类和动态，判断清楚有无碰撞危险，采取哪种有效的避让行动。"

所谓"宽让"，就是有宽裕的时间和余地来避让他船，使双方能在安全的距离外通过。安全的"会遇距离"同水域、风浪、水流、船舶大小、船舶操纵性能等情况有关。周船长说："通常认为的安全会遇距离，大风浪、夜间或能见度不良时应大于2海里；在狭水道当船速不受限制时，大于两船船长；船速受限制时，大于两船船宽。"

再次，何谓大幅度让？就是要能使对方靠视觉或者雷达明显察觉到你的行动。如用转向避让，我们利用简单的几何原理可以计算到：一艘船舶如果想从原航线偏移1海里，他转向1°需要航行60海里才能到达这个横距，转向6°需要走10海里，转向10°需要航行6海里，转向20°需要走3海里……也就是说，如果两船相遇致有碰撞危险单凭一条船让路的话，早在6海里就转向10°避让，他们之间的会遇距离也仅有1海里。LNG"巨无霸"谁都惹不起，抱着"核弹"航行，遇到这类船舶更应当大幅度礼让，如图3-18所示。

最高人民法院大法官认为，在船舶互见情况下，小于10°的转向避让行为不能被认作为大幅度避让他船。

图3-18 LNG"巨无霸"谁都惹不起，抱着"核弹"航行，遇到这类船舶更应当大幅度礼让

最后，总结一下：让路船采取大幅度避让是义务而不是权利，权利可以放弃，义务必须履行，否则就要承担法律后果。

谈直航船的行动

《1972年国际海上避碰规则》第十七条第1款（1）项明确规定："两船中的一船应给另一船让路时，另一船应保持航向和航速。"

首先，什么是直航船呢？当两船相遇时，避碰规则规定其中一船应给另一船让路，则一船为让路船，而另一船即为直航船。在避让方面，两艘船负有不同的权利与义务，如图3-19所示。

图3-19 直航船的义务——保持航向与航速

其次，直航船的行动权利和义务有哪些呢？

一是要保持航向与航速，这是规则对直航船首先提出的一项最基本的义务，其目的就在于使让路船能确实地掌握直航船的运动状态，并根据所获得的数据及资料，作为其采取避让行动或进一步修正避让行动的依据，促使其能毫不犹豫地采取让路船的行动。否则，势必会造成让路船在判断时的迷惑，而失去确定避让方案的依据，甚至导致两船行动的不一致。船航速和航向不变，皆大欢喜。

二是直航船可以独自采取操纵行动的时机。《1972年国际海上避碰规则》第十七条第1款（2）项规定："当保持航向和航速的船一经发觉规定的让路船显然没有遵照本规则条款采取适当行动时，该船即可独自采取操纵行动，以避免碰撞。"这种单独采取的避碰行动，在交叉相遇局面下，如当时环境许可，不应当对本船采取向左转向。

三是在紧迫局面时，应采取最有助于避碰行动的行动。直航船应采取最有助于避碰行动的行动，通常是指当直航船不论由于何种原因逼近到单凭让路船的行动已不能避免碰撞时，这一时刻通常又被学者解释成为"紧迫局面业已存在"，也应采取最有助于避碰的行动。

再次，采取行动的距离是多少？大连海事大学航海学院东昉教授兼船长说："紧迫局面存在时，采取行动时的距离，这一距离又与两船所构成的会遇格局、相对的速度、船舶的操纵性能以及两船的大小长短等因素有关。"在开阔的洋面上，若以两艘万吨级的船舶构成的交叉相遇局面为例，通常认为这一距离不宜小于12倍本船船长的距离，也就是1海里左右。若为超大型船舶，则不宜小于1.5海里。如果小于这个距离再采取避让行动，则很难挽回局面。

需要强调的是，上述规定情况，均不免除让路船让路的义务。有权利就有义务。

最后，为了进一步理解《1972年国际海上避碰规则》第十七条直航船的行动的规定，让我们看一下某大学船舶避碰研究方向硕士研究生面试应用题。

A船左舷约50°有一艘大角度交叉的B船向A船驶近，致有碰撞危险，在来船逼近的各个阶段，如果你是A船驾驶员，你怎样依据避碰规则的规定采取行动呢？如图3-20所示。

这位考生的回答令面试老师十分满意。

他的回答是：可以分为几个阶段。

第一个阶段，当两船距离甚远，10海里左右时，我船可以自由行动，既可以航向和航速不变，自动舵航行，也可以根据航行计划转向等。

第二个阶段，当两船距离接近到5~8海里时，按照避碰规则的规定，我船是被让路船，我船的义务是应保向保速航行，积极注意对方B船的避让行动，将自动舵改为手操舵。

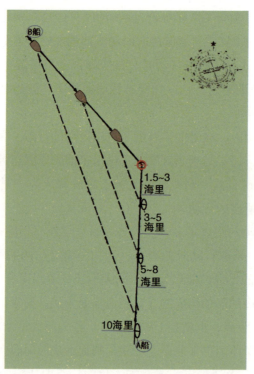

图3-20　例题示意图

第三个阶段，当与B船接近到3~5海里时，如果发觉对方显然没有遵照规定采取避让措施，我船也应独自采取避让操纵行动，以避免碰撞。如当时环境许可，应大幅度向右转向，鸣放相应声号。如果B船遵照规定采取了避让措施，那会皆大欢喜，我船航向和航速保持不变。

第四个阶段，当两船接近到1.5~3海里时，发现单凭让路船采取避让行动不能避免碰撞时，我船应采取最有助于避免碰撞的一切措施，只要能够避免或者减少碰撞损失，变速和（或）左右转向等都可用上。

当谈到直航船行动时，很多人认为这是公平的。其实这是规则的作用。说到规则时，我便想起了《法理学程序》一章中，大家常用到的一个"和尚分粥"的故事。

那我们不妨来看一下这个故事。从前，有七个和尚住在一起，每天共喝一锅粥。由于僧多粥少，难以满足每个人都吃饱的要求，因此怎么分配这锅粥就成了一个令人头疼的问题。一开始，他们商量确定轮流分粥，每人轮流一天。结果每周下来，他们都只有一天是满意的，就是自己分粥的那一天。这一天负责分粥的和尚有权利为自己多分一些粥。大家对这个办法很不满意。

于是，大家推选出一个公认的道德高尚的和尚来负责分这锅粥。但权力会导致腐败，大家挖空心思去讨好他，最终搞得整个小团体乌烟瘴气。大家对这个办法实在不满意。经商量后，组成三人的分粥伙食委员会，结果是相互扯皮，粥吃到嘴里时已全是凉的了。

最后，有位智叟给他们出了个简单方法：大家仍然是轮流分粥，但前提是，分粥的人要等其他人都挑完后，才能吃剩下的最后那一碗。结果，为了不让自己吃到最少的，每个负责分粥的人都尽量分得均匀。对这一规则的实施，大家皆大欢喜。

这个故事说明了规则的重要性。规则变了，结果也会变的。

不碰撞才是硬道理

《1972 年国际海上避碰规则》第十七条第 1 款（2）规定："当保持航向和航速的船一经发觉规定的让路船显然没有遵照本规则条款采取适当行动时，该船即可独自采取操纵行动，以避免碰撞。"这项规定的宗旨是只要能够避免碰撞，直航船就可以独自采取避让行动。

法条是晦涩难懂的，航行中的事实最能直接通俗地解读其中的道理。首先，让我们先看一个真实的故事。

1996 年 8 月 16 日，黄海北部海域，太阳刚刚下了水天线。暖风一阵阵吹上驾驶台，驾驶员感到舒服极了。黄海海面上海水变成了金绿色，映着晚霞，向船尾汹涌而去，激起朵朵浪花。

17 点钟时，船长和三副正陶醉在水天一色的美景中。三副不经意向左后方望了望，令人吃惊的是，一艘大船突然加速，想要追赶、追越他们的船，但没有采取任何让路措施，如图 3-21 所示。到 17 点 35 分时，眼看两船就要发生碰撞事故。三副认为自己是直航船，来船是追越船，他船应当给我船让路，自己则不必采取避让行动。但经过短暂思考，避碰规则就像一根尖针刺入船长迷惘的神经，他大脑瞬间清醒了。根据《1972 年国际海上避碰规则》第十七条第 2 款的规定，船长下达了"右满舵"的命令，大幅度右转向增大了双方距离，让来船先行通过，于是就避免了一场海上"碰瓷"事故。船长长舒了一口气，一股说不出的喜悦涌上他的心头。

以上故事是前些年在一次交通部高级船长评审会上，张评委介绍船长工作情况时讲的。

张评委介绍完后说道："这位船长在 15 年航行中没有发生过大小交通事故，虽然他没有发表高水平的论文，但凭他工作中的表现，有资格晋升高级工程师。"

以上这位船长的事例很通俗地阐释了"规则规定了直航船让路的权利和义

务，权利可以放弃，但义务必须履行"的道理。

图3-21　一船铆足了劲追越他船

作为让路船，仍然应当清醒地意识到，规则要求直航船采取的各项行动，仅仅是一种配合让路船采取让路行动的协调性的行动，不管直航船是否确实履行"直航船的行动"义务，规则始终不能免除让路船"应尽可能及早采取大幅度的行动，宽裕地让清他船"的责任。

为了更进一步地理解规则精神，我们再来看一道北京某船务管理公司录用三副时的笔试题。

在本船正横前有三艘来船，如图3-22所示。一艘是对遇船A船，另外两艘各为左右横交船B船和C船，当都有碰撞危险时，试问：本船与他船之间的避让责任是什么？你怎样避让呢？

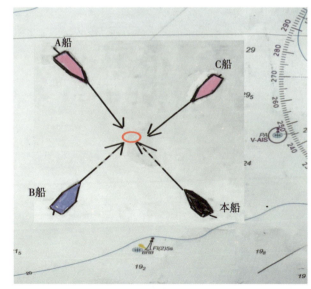

图3-22　试题示意图

考生回答如下：

对于当头来船A船，属于对遇，右舷方向来船C船，属于交叉相遇，我船均为让路船，我船应当为其让路；对于左舷方向来船B船，我船是直航船。这时候，我船应当尽可能及早地采取大幅度向右转向的避让行动，宽裕地让清A船和C船。一般要转向到我船右舷来船C船的船尾方位以外，随着A船和C船两船位置的变化，酌情逐点通过反复定位后，再回到原航向上来。

根据本题的示意图，在本船的右方位约2.5海里处，有危险沉船（ ≤ 20米），右转向时要注意避开为宜。

小结一下:深入理解《1972年国际海上避碰规则》第十七条的规定，牢固树立安全航行的开船理念。

一个体现"船舶之间避让责任"的故事

《1972年国际海上避碰规则》第十八条规定了船舶之间的避让责任。船舶之间的避让责任，就避让而言，是指相遇两船中一船应对另一船所承担的避让责任与义务。换句话讲，就是两船相遇时，谁该给谁让路的法律关系。

当两船相遇致有构成碰撞危险，或无法保证在安全的距离上通过时，则相遇两船就势必要采取相应的行动措施，以消除存在的碰撞危险或确保两船安全地驶过。

跳出单一思考，有效避让是关键。为了说明问题，让我们看一个避让的真实案例，如图3-23所示。

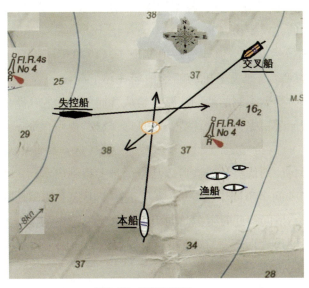

图3-23　案例示意图

深冬的一天，清晨8点钟，纷纷扬扬的雪花，如银，如玉，似飘，似舞，充满天际，洒落大海。从驾驶台到装满集装箱的甲板上，是一片银装素裹的世界。

"牛郎星"轮迎着雪花,船速为13节,慢悠悠地向前航行着。

船长跟三副说:"快到灯标处转向点了,注意周围情况。"船长打开雷达,拿起望远镜瞭望了一下,大吃一惊。船右前方就是转向点的灯标,右前方有一艘来船,估计将在习惯航线的转向点附近交叉相遇,在灯标的这边的右前方有两三艘渔船,在我船左前方有一艘失控船。这时船长想考验一下三副。他跟三副讲:"你看这种局面,我船应如何处理?"

三副是名牌海事高等院校的毕业生,他不慌不忙地向船长讲:"对于右侧的渔船,根据《1972年国际海上避碰规则》第十八条的规定,我船是让路船。对于右前方的来船,估计是在灯标附近转向与我船交叉相遇,我船也是让路船,左前方来的是一艘大型干散货船,天气下雪时该船显示了环照红灯和相应两个黑球,说明是失控船,我船也是让路船。我船不能右转向,应当减速缓行,前进三改为前进一,待右侧来船转向动态明朗,等待左侧的失控船驶过灯标后,我船再加速前进。您看如何呢?"船长点头同意,并补充说:"在避让操纵时,应防止被潮流压向灯标,船速不宜太慢,保持良好的舵效,可以稍向左改向一点,以期右方交叉船也能向右摆开一点,各留操纵的余地,总之发挥自己的优势来避让。"三副觉得船长的建议更稳妥些。

这个案例虽然简单,但却清楚地体现了《1972年国际海上避碰规则》第十八条第1款的规定,即关于机动船给他船让路的规定,含给失去控制的船舶让路、给操纵能力受到限制的船舶让路、给从事捕鱼的船舶让路的规定。

如果每艘船都根据自己的优势,认真遵守避碰规则,那就会少发生些海上碰撞事故。

关于发挥自己的优势,或许可以从野兔身上得到启示。记得小时候,有一次上生物课,老师问全班同学:"一只野兔正在半山腰上悠闲地吃草,这时候几个猎人包围过来,请问:此时野兔是向山下的草丛里跑还是往山上跑呢?"

大家异口同声地回答:"应该向山下跑,因为向山下跑更省力,野兔能够更快地逃脱猎人的包围。"

老师说我们的回答是错的,野兔应该往山上跑。为什么往山上跑呢?往山上跑明显是逆境吧?

这时候,老师在黑板上三两笔就画了一只野兔,指着那幅图说:"你们看,野兔前腿短，后退长，善于往高处奔跑，尤其是遇到险境时。如果野兔从高处向低处奔跑，后腿就使不上力气，会接二连三地栽跟头，可能更容易陷入困境。"

老师最后告诉我们，世界上没有绝对的顺境，也没有绝对的逆境，顺境与逆境在一定条件下都是可以互相转化的。从野兔身上获得的启示是：在逆境时要发挥自己的优势。

但凡遇到解不开的结，多想一想人性，站在对方的角度想，就可能会豁然开朗。驾驶船舶也一样。

谈能见度不良时的船舶避让行动

交通设施的建设是工程，工程的工作是物，工程的对象是人。把人放在第一位，事情就会变得简单和亲切，其实什么工作都一样。

要把操纵大型船舶看成一种艺术。特别是船舶航行在能见度不良的水域，驾驶员不容易及早发现和正确识别来往船舶，很容易形成紧迫局面，甚至发生船舶碰撞，许多碰撞事故大多是在能见度不良的情况下发生的。在这种情况下，船长把船舶驾驶得井井有条，那就是一种艺术。能见度不良避碰戒备示意图如图3-24所示。

图3-24　能见度不良避碰戒备示意图

首先，看一下船舶之间的责任。当船舶在能见度不良的水域中或在其附近航行相遇并致有构成碰撞危险时，则相遇两船均负有同等的避让责任与义务，而不存在让路船与直航船之分。

其次，看看避让行动。在能见度不良时的碰撞戒备时，要做到安全航速先备车，打开雷达勤观测。

每一船舶应当以适合当时能见度不良的环境及情况的安全航速行驶，机动船应将机器做好随时用车操纵的准备，航海上将其叫作备车。

驾驶员打开雷达测得他船时，即一船仅凭雷达测到他船时，应判定是否正在形成紧迫局面和（或）存在着碰撞危险，若是如此，应尽早地采取避让措施，通常采用转向避让和减速避让。

一是转向避让。在有足够的水域的情况下，转向往往是避免紧迫局面的一种最为有效的行动。转向避让的最大优点是：程序简单、操作方便、耗时较短、效果明显，并且最易被他船雷达所察觉。因而，转向避让也往往是船长最常用、最乐于采用的一种避让方法。所以，一般情况下，若有足够的水域，船舶宜采取转向行动，以避免紧迫局面的形成。

二是减速避让。减速是避让行动的一种方法。可给驾驶员更多的时间来估计当时的形势和采取必要的措施，以达到避碰的目的。

列举一下采取减速航行的情况：

一是当时环境不允许，例如在船舶的附近存在着浅滩、暗礁或其他碍航物，或者在船舶的周围还存在着第三船，则该船不宜采取转向避让，以免招致航行中的危险或导致另一个紧迫局面的出现；二是船底下面水深不富余时，如航行到交通繁忙水域、狭水道航道弯曲地段，遇到声号不明以及紧急情况等。

正如吴胜顺法官所说："雾号显似正横前，或者难免局面僵，减速停船谨慎让，雾中航行莫猖狂。"

再次，看看安全会遇距离。在能见度不良的开阔水域中，船舶之间的安全会遇距离一般应保持在2海里左右；通常认为，在正横及正横以前的来船在相距4~6海里的范围内采取避让行动为宜，对正横以后的来船在相距3海里左右采取避让行动为宜。

当听到他船的雾号时，除已断定不存在碰撞危险外，每一船当听到他船的雾号显似在本船正横以前，或者与正横以前的他船不能避免紧迫局面时，应将航速降到能维持其航向的最小速度。必要时，应把船完全停下来。而且，无论如何，应极其谨慎地驾驶。

由于雾号的可听距离一般只有2海里或者在2海里以下，因此听到的雾号显似在正横以前时，往往两船可能紧迫局面已经形成了。另外，雾号的声音在雾中不完全以直线传播，不能简单地就将雾号传来的方向作为来船的方位。

能见度不良时航行，驾驶员应详细记录航海日志，如什么时间能见度不良、进入雾区、开始鸣放雾号、备车、降速、派出瞭头的时间、听到他船雾号的方向，以及使用雷达、使用车及舵的情况等。

最后，让我们看两道应用题，是2003年6月凯瑞船舶管理公司录用驾驶员时的笔试题。

第一道题：在大雾中航行，驾驶员用雷达测得左舷方位46°，3海里有来船，并继续向我船逼近致有碰撞危险时，在这种情况下，请问：谁是让路船?为什么? 如何行动?

第二道题："能见度不良"指什么? 怎样处置?

第一道题，考生回答：都是让路船。因为这时不能用互见中交叉相遇局面的行动规范来避让。船舶在能见度不良航行时，避碰规则没有明确让路船和直航船这样的规定，规则只是提出了改向、变速等一系列避让的行动规范。

根据《1972年国际海上避碰规则》第十九条第4款要求，这时我轮应当将船速减到能够维持其航向的最小速度。必要时，应把船完全停住。

第二道题，考生回答：所谓"能见度不良"，是指雾、霾、大雪、暴风雨、沙尘暴等其他类似的原因，致使附近的船舶之间不能互见的现象。一般认为能见度小于5海里时就应当开启雷达设备。随着能见度继续降低，则其他的能见度不良时的相应行动措施也应跟上。列举如下：施放雾号、备车、使用适当的安全航速、通知船长、开启航行灯、对雷达数据进行标绘分析等。如同战场上进入一级战备状态。对本船的船舶操纵性能要心中有数，认真收听高频电话16频道和AIS信息。

考官肯定了考生的回答。考生的回答也简单地解释了《1972年国际海上避碰规则》第十九条关于能见度不良时的行动规则。

的确，在能见度不良时更容易发生碰撞事故，驾驶员应当极其谨慎地驾驶，慎之又慎，避免碰撞事故的发生。

新闻摘录：

2007年5月12日凌晨3点钟，在渤海湾外中国沿海水域，一艘圣文森特和格林纳丁斯籍的集装箱船"金盛"轮，与一艘韩国籍的货船"金玫瑰"轮发生碰撞，导致"金玫瑰"轮船上16名船员失踪。

事故发生后，中国海事局与韩国中央海洋安全审判院对韩国籍货船"金玫瑰"轮与圣文森特和格林纳丁斯籍货船"金盛"轮碰撞事故进行了联合调查，后经取证、分析，对其事故原因及调查结论完全达成共识：两船雾中航行时，未能按照《1972年国际海上避碰规则》规定保持正规瞭望，采用安全航速航行，正确判断两船之间业已形成的碰撞危险，并及早采取避免碰撞的行动是导致两船碰撞的主要原因。

在两船的碰撞紧迫局面形成之后，两船采取避让措施不当，是导致碰撞的次要原因。"金盛"轮盲目左转向行为的过失程度较"金玫瑰"轮右转向的过失程度更大。为此，"金盛"轮应对碰撞事故承担主要责任，"金玫瑰"轮承担次要责任。(备注：据"金盛"轮二副陈述，海况：微风，轻浪，浓雾，能见度为50~60米。)

有趣的船舶航行号灯

夜晚的船舶锚地格外美，一艘艘巨轮锚泊于锚地，船上灯火通明，灯光与晨光交相辉映，荡漾在海面上，形成独特的海上美景，如图3-25所示。

漫漫长夜，有哪些信号灯始终陪伴着船舶航行在茫茫大海和航道中，陪伴着它们从黄昏到黎明呢？

图3-25　太阳将要进入锚地

除了夜晚，在恶劣天气中，灯光以其强大的穿雾性使得船舶在能见度不良状况航行时也要点亮号灯。在能见度不良的情况下，任何时候，即使是在白天，也要开启航行灯，并记录航海日志。

船舶航行号灯是船舶航行的必要条件。它们有的彻夜长明，有的不停眨着眼睛，正是有了它们，才使船舶航行更安全、更有序。这是劳动人民在长期实践中的一大发明。

信号灯，是指船舶在各种特殊情况下的灯光标志，特别是夜间航行，它更是不可缺少的通信联络的工具之一。信号灯的控制开关一般集中在驾驶台，造船规范要求两路供电。

船舶号灯是行船之间的交流语言。世界上的所有动物都有交流语言。大家都知道蜜蜂，蜜蜂的分工十分科学，组织体系很和谐。它们之间所有的沟通和交流是通过丰富的语言进行的，这种语言就是优美的扇翅膀舞蹈。不同的舞蹈姿势，传达不同的信息，表达不同的意思。

首先，说说船舶号灯的性质。信号灯也是沟通交流的语言，它是船舶交流的语言。它的种类很多。为了适应某些国家的港口和狭水道的特殊要求，船舶的信号灯设置很复杂。这些航行信号灯安装在驾驶台顶上专设的信号大桅杆或雷达桅杆上，按照规定盏数，红、绿、白等颜色的环照灯分成两排或三排安装，如图3-26所示。

图3-26　驾驶台顶上的雷达大桅上的两排信号灯

其次，说说航行号灯的作用。它们是用来说明船舶的存在、种类、大小、动态或者作业方式等的，如图3-27所示。号灯和号型可以提供船舶的以下信息：表明船舶的大小；表明船舶的工作性质；表明船舶的种类；展示船舶的动态；说明船舶的存在。

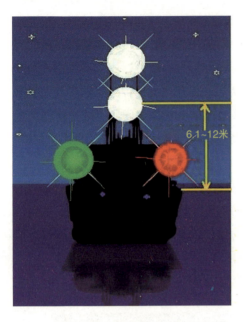

6.1~12米

图3-27　夸张了的号灯，表示船长大于50米的
在航机动船

再次，看看什么情况下遵守航行灯规定。《1972年国际海上避碰规则》第三章详细规定了各种类型的船舶在各种天气中都应遵守关于号灯的各项规定。所谓的"各种天气"，是指不论阴天还是晴天，刮风下雨还是风和日丽，也不论能见度不良还是能见度良好，甚至在狂风暴雨的恶劣天气情况下，也应严格地遵守本章各条的规定。若一船未能按避碰规则规定显示号灯，并由此而导致碰撞事故的发生，则该船将被指控犯有严重的过失，并且还将可能承担重大的法律后果。

让我们看一个真实的案例。1998年7月，某海运公司A轮，从新奥尔良港驶出，进入密西西比河。新奥尔良港是仅次于纽约港的美国第二大港，也是重要的河海、海陆联运中心。

天上下着蒙蒙细雨，晚上8点多钟，A轮因主机失灵，辅机停转，船长操纵不当，与一艘进港的S轮发生碰撞。当时密西西比河VTS管理人员在16频道对船长大声喊道："冒失鬼，赶紧把锚丢下去！"但是，由于与船长英语沟通不畅，锚也没抛成，就与S轮相撞了。

相撞的主要原因是，A轮本身是失控船，理应显示失控信号灯，但值班驾驶员由于手忙脚乱把这事给忘了，未能及时显示失控信号灯，以表明船舶的位置及其状态，同时更没采取任何措施，因而被海事法官指责犯有在遵守号灯规定方面的严重过失，被裁定应承担95％的碰撞责任。

最后，我们再看一下航行灯照亮的时间。关于显示航行号灯的时间，规定为：从日没到日出；在能见度不良的白天；在一切必要的情况下。如图3-28所示为大桅杆上的信号灯。

所谓"必要的情况"，通常是指在能见度不良的水域附近，或虽然已是日没前或日出后的时间，但由于各种原因，天色仍然较黑暗，视线不佳，也必须打开航行号灯。打开和关闭航行号灯的时间均记入航海日志。

图3-28 大桅杆上的各种信号灯是丰富的船舶语言

正所谓"人有人言，鸟有鸟语，灯有灯话"，船舶航行灯也是一种交流通信工具，夜晚在海上航行的船舶，就是靠各种灯光的变化进行互相辨别、交流和沟通，以保证船舶正常有序地航行。

谈船舶航行灯的规范

　　船舶航行灯，在避碰规则中称为"号灯"，用于显示船舶航行或停泊状态，可表示夜间本船的航行方向和本船的大小等。一切航行于海洋、江河、湖泊的船舶必须严格按照我国《海轮信号设备规范》和《1972年国际海上避碰规则》所要求的数量和类型安装各种航行灯。

　　航行灯包括桅灯、舷灯、船尾灯、船首灯、环照灯、闪光灯及桅顶灯等。其中布置的技术要求如下：

　　桅灯：安置在船舶的桅杆上方或者首尾中心线上方的号灯。在225°的水平弧内显示不间断的灯光，长度大于等于50米的船舶能见距离至少为6海里。其装置要使灯光从船舶的正前方到每一舷正横后22.5°内显示，如图3-29所示。

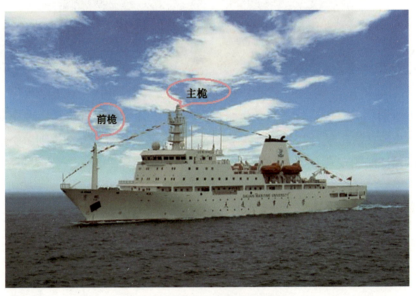

图3-29　前后桅灯布置位置示意图

　　但规范中并未规定桅灯一定要安置在大桅杆上。桅灯只要安置在船的首尾中心线上方，高于并离开其他一切灯光的遮蔽物的位置上即可。

　　舷灯：安置在船舶最高甲板左右两侧的左舷的红光灯和右舷的绿光灯。各自在112.5°的水平弧内显示不间断的灯光，长度大于等于50米船舶的能见距离至少为3海里。其装置要使灯光从船舶的正前方到各自一舷的正横后22.5°内分别显示，如图3-30所示。舷灯遮板向灯面，应当涂以无光黑漆。遮板的高度至少等于灯高，如图3-31和图3-32所示。

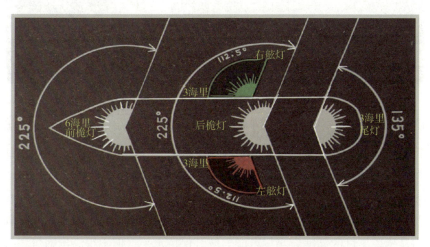

图3-30　长度50米以上船舶号灯水平光弧示意图

图3-31　长度大于等于20米、小于50米船舶号灯水平光弧示意图

图3-32　船舶的前后桅灯都有上下各两个(一个备用)

在通常的情况下，舷灯应安装在船体桥楼两舷的前端。特殊构造的船舶，如航空母舰、两栖登陆舰等舰船，由于驾驶室偏于一舷侧，故舷灯不可能安置在船体的两舷侧，而只能安装在驾驶室的两侧。

尾灯：安置在船尾正中的白光灯。在135°的水平弧内显示不间断的灯光，大于等于50米船舶能见距离至少3海里。其装置要使灯光从船舶的正后方到每一舷67.5°内显示。尾灯的高度应当尽可能与舷灯保持水平，但不得高出舷灯。

对于有些船舶，如拖船、尾拖渔网的渔船、艉部开门的载驳船，在船尾安装号灯具有一定困难，故该款要求尽可能将尾灯安装在接近船尾的地方。

环照灯：在360°的水平弧内显示不间断灯光的号灯。

环照灯通常作为表示船舶的种类灯、指示信号灯而适用于失控船、操限船、从事捕鱼船、限于吃水船、帆船、执行引航任务的船以及锚泊船、搁浅船等。环照灯通常有白、红、绿三种颜色。

有关号灯的各条规定从日落到日出期间都应当遵守。在白天能见度不良的情况下也可以显示有关号灯。在显示号灯的时间内，凡是可能与规定号灯相混淆或者减弱其显示性能的灯光，均不得显示。

最后，总结一下：号灯语言为航行，弧度射程有规程；前后桅灯两舷灯，桅灯尾灯白色灯；左红右绿为舷灯，关开时间要记清。

船舶通信语言——汽笛声号

在村上春树的小说中，有一个女孩问男孩："你喜欢我到什么程度？"男孩想了想，用沉静的声音说："半夜汽笛那个程度。"是的，汽笛关乎爱与梦想，很多人乐意接受汽笛的召唤。

每当船舶要离开码头时，船长第一个使用的就是汽笛，汽笛"嘟"一长声表示船舶要离港开航了，满载着乘客或货物驶往另一个目的港。

在当前，为了保证船舶航行安全，在较远距离船与船可用无线电传递信息，可显示号灯、号型表示自己的动向或船舶类型、状态。按《1972年国际海上碰碰规则》第四章的规定，鸣放声响信号来表明自己的意图和状态，以求得来船或周围船只的注意，协调配合，按规定进行避让，从而避免或减少海损事故的发生。

在能见度不良状况下，汽笛是一种不可代替的、最重要的船舶之间信息交流的声响信号器具。图3-33所示为船舶大桅上的汽笛。

声号（声响信号）是航海者在和雾斗争的实践中创造的产物。它安装在船舶上，能够发出规定笛声，声波可以通过海雾传向四面八方，让雾中航行的船舶听到。声号能够表示本船的意图、行动，或者

大船汽笛

图3-33　船舶大桅上的汽笛

在需要其他船舶注意时，使用汽笛发出的特殊声号。鸣放声号的声响器具，规定有号笛、号钟、号锣及其他有效响器。

声号有长声、短声之分。长声是指历时4~6秒钟的笛声，而短声是指历时约1秒钟的笛声。船舶驾驶员运用长、短声组成一组组有规律的"嘟、嘟"的声号，成为驾驶人员互相联络的语言。如同大雁、喜鹊在夜间飞行，发出有节奏的声音，促使在同伴之间互相交流。

通常来说，船与船之间相遇时要鸣笛，船舶进港、出港时也要鸣笛，雾航时更需要鸣笛……鸣笛主要是为了船舶之间、船港之间的交流，当然也带有警示作用。因此船舶安装声响信号设备十分必要。

首先，看看轮船短笛声是什么。

一短声（嘟声1秒钟）——我船正在向右转向；当和其他船舶对驶相遇时，表示"向右转，要求从我左舷会船"。

二短声——我船正在向左转向；当和其他船舶对驶相遇时，表示"向左转向，要求从我右舷会船"。

三短声——我船正在倒车或者有后退倾向。

四短声——对不起！不同意你的要求。

五短声——怀疑对方是否已经采取充分避让行动，并警告对方注意了。

其次，船舶的长笛声。

①一长声（嘟一4~6秒汽笛声）——表示"我船将要离泊""我将要横越"，以及要求来船或者附近船舶注意。

②二长声——我要靠泊或者我要求通过船闸。

③三长声——有人落水。

轮船笛声先长后短是什么意思？

①一长一短声——掉头时，表示"我向右掉头"；进出干、支流或者汊河口时，表示"我将要或者正在向右转弯"。

②一长二短声——掉头时，表示"我向左掉头"；进出干、支流或者汊河口时，表示"我将要或者正在向左转弯"。

③一长三短声——拖船通知被拖船舶、排筏注意。

④二长一短声——表示"我船打算从你船右舷追越"。

⑤二长继以二短声——表示"我船打算从你船左舷追越"。

⑥一长一短一长声——表示"我希望和你联系"。

⑦一长一短一长一短声——表示"同意你的要求"。

⑧一长二短一长声——要求来船同意我通过。

再次，看看笛声的间隔时间。

"一短声"是指历时约1秒钟的笛声；"一长声"是指历时4~6秒钟的笛声；一组声号内各笛声的间隔时间约为1秒钟；组与组声号的间隔时间约为6秒钟。

最后，看看船舶互相看见了，应当按下列规定使用声号。

一是两机动船对驶相遇，下行船（潮流河段的顺流船）应当在相距1千米以上处谨慎考虑航道情况和周围环境，及早鸣放会船声号。上行船（潮流河段的逆流船）听到声号后，如无特殊情况，应当立即回答相应的会船声号。大船"嘟"鸣放一长声引起注意。

二是机动船发现人力船、帆船有碍本船航行，要求其让路时，应当鸣放声号一长声以引起注意，并鸣放一短声或者二短声表示本船动向。

三是机动船驶经支流河口或者汉河口前，应当鸣放声号一长声以引起注意；进出干、支流或者汉河口前，向右转弯应当鸣放声号一长一短声，向左转弯应当鸣放声号一长二短声。

人类使用敲打声响提醒与交流跟人类有同样的历史。这个既古老又简单的汽笛声号，伴随着船舶发展继续使用。作为驾驶员，把简单事情用心去做，你也是赢家。

谈从事捕鱼船在避让中的权利与义务

船长在夜航簿中写道："二副：'预计明晨1点我轮进入渔区，请注意避让渔船，到时请叫我。'"

何谓从事捕鱼船呢？初看起来是一个很容易回答的问题，但仔细想一下，还有些困难。根据《1972年国际海上避碰规则》第三条的定义，"从事捕鱼船"，是指使用网具、拖网或其他使其操纵性能受到限制等的渔具捕鱼的任何船舶。

根据《1972年国际海上避碰规则》第十八条第1款的规定，从事捕鱼船享有被让路的权利。但是，不是所有渔船都能享有被让路的权利。

如何判断"从事捕鱼船"呢？有两个充分条件：

一是正在从事捕鱼作业。从事捕鱼的船舶是指该船正在从事捕鱼作业，包括放网、拖网、收网等作业。不是根据船舶的用途来判断其是否为一艘从事捕鱼的船。若一艘船正驶往渔场或返回渔港途中，或在海面上搜索鱼群时，均不属于"从事捕鱼船"的范畴，自然就不享有被让路的权利，如图3-34所示。

图3-34　一艘返回渔港的船，它不属于规则定义的从事捕鱼船

　　二是"所使用的渔具使其操纵性能受到限制",是构成"从事捕鱼船"的必备条件。若一艘船舶正在从事作业,然而其所使用的渔具并不使其船舶操纵性能受到限制,则该船不应属于捕鱼船的范畴。所谓的"操纵性能受列限制",是指一船的旋回性能、停止性能受到一定的限制,也可认为是一船的转向和变速能力受到一定的限制。

　　满足前述两个条件的船舶就可以成为避碰规则中的从事捕鱼的船舶。那么,在海上航行时如何用视觉辨认从事捕鱼的船舶呢?回答是:用号灯或号型。

　　夜幕降临,在最容易见到处,显示竖直、上绿下白的两盏环照灯;白天到了,悬挂一个由上下竖直、尖端对接的两个圆锥体所组成的黑色号型,如图3-35所示。

　　从事捕鱼船享有被让路的权利,但还不能完全享有失控船和受限船的待遇,即使主机有毛病,也应当显示规定的号灯或号型。

　　捕鱼船与其他船之间的避让责任是如何规定的呢?《1972年国际海上避碰规则》第十八条第3款规定,从事捕鱼船仍然有给他船让路的责任,规定其也尽可能给失控船和操限船让路。

　　换句话说,当捕鱼船遇上失控船和操限船时,应尽可能给其让路。同时立法人考虑到了,有些捕鱼船正在收网时或者遇到其他情况时很难做到给失控船和操限船让路。因此,避碰规则用了"尽可能"的字眼,而不是必须让路。这样规定是一个皆大欢喜的结果。对此,失控船和操限船遇到从事捕鱼船还是应当特别注意为宜。

　　实际上,正在忙着捕鱼的船,也是事实上的"失控船"或"操限船"。如果存在碰撞危险,机动船必须给捕鱼船让路,而且还应当让清捕鱼船的网具或渔具。

　　总而言之,从事捕鱼船既享有机动船给其让路的权利,又有尽可能为失控船和操限船让路的义务。但,这可不是"1减1等于0"的事。

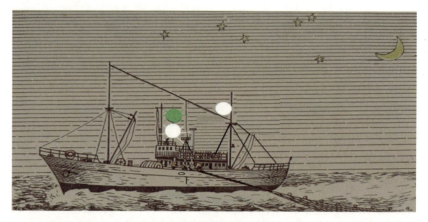

(a)夜间从事捕鱼船显示的号灯

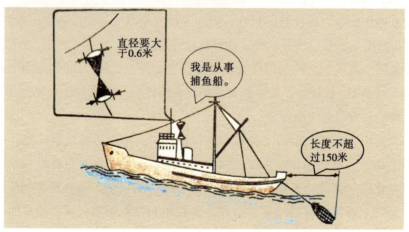

(b)渔具长度小于150米,白天悬挂号型的渔船

(c)渔具长度大于150米,白天悬挂号型的渔船

图3-35 渔船的号灯与号型

第四章

审核与发展

为什么船舶都必须符合安全管理规则(ISM)

——2001 年交通科教处处长工作座谈会即席发言

祝贺会议在长沙召开,我主要讲一个问题。

前几天,交通部海事局领导张宝晨同志送我一本由他本人写的书,书的内容是关于《国际安全管理规则》(ISM)的论述。利用中午休息时间,我进行了学习,借此机会跟大家交流一下。

船舶安全是一个十分重要的问题。船舶在海上航行时,通常都是远离可能的救援力量,出现危险时进行呼救往往无济于事,远水不能解近渴。尽管科学技术在不断进步,航海所遭受的来自大自然现象、技术故障和人为失误的危险仍然给海上安全带来了难以规避的负面影响。新的运输货物特别是危险品运输和运输技术所带来的安全隐患也对抵御危险提出了更高的质量要求。相比于在陆地上的某个设备中,这一反向要求在船上会受到更多的桎梏。因此最大限度地实现船舶安全,越来越成为现今和未来的更迫切要求。

毋庸置疑,船舶应该经过精心的制造和良好的维护,使其保持足够的稳性和适航性,并且要装备各种所需要的先进设备和通信、导航仪器。

然而,船舶的航行安全是不能通过海上强制设置安全设施及装备来保证的。换句话说,船舶的安全是不完全能够通过购买设施获得的。简言之,安全靠花钱是买不来的。研究表明,大多数船舶事故是人为疏忽、失误所引起的。因此,通过培训,不断提高安全意识,减少失误是十分必要的。

在船上的每个人,从船长、政委到机工、水手都应该学会对随时随地发生的危险进行辨识、更正、规避和应变,这是十分重要的。培训能够提高全体船员应急应变的能力。

在船上,船长对保障整体组织、执行安全事务承担相应责任。事故一旦降临,就要求动员起所有船组人员的力量。应急措施必须启动,在严格的指挥下，这些措施须能以最多的人员投入，充分发掘所有技术和人力上的可能性，来抵御危险重重的故障情况。船组人员在掌握船舶系统和设备的过程中，要具有高超的专业技能和行动可靠性。这些均需要专门的训练和培训。

从2002年7月起，所有船舶，包括船舶管理公司都必须认证，必须符合安全管理规则（ISM）的要求。船员的操纵、操作也必须符合安全管理系统（SMS）的有关规定。安全管理系统是一套详细阐述如何申请安全认证和使用安全设备的标准与规范。

船员和公司管理人员可以通过参加有关课程的培训学习和训练不断提高安全意识。在危险发生时，人们往往缺乏理智及理性思考。他们大部分倾向于做出本能的反应，即立即使用他们在培训课程和强化训练中学会的设备。当出现危险事故时，在之前训练中没有提到过，船员对它也不熟悉，此时容易惊慌、手忙脚乱。所以，培训和训练是十分必要的。这种训练都可以采用模拟器训练和实景演习来完成，如图4-1所示。例如，发生火灾时，特别是油船上发生火灾时，没有经过充分训练的人员往往会跳海逃生，结果幸存者很少。

图4-1 消防救生常演习，熟悉措施防万一（图片来源：原交通部长江航政管理局宣传画）

加强对有关人员的培训是必要的，广大船员和管理部门以及各学校都应当重视安全培训工作。各类航海院校应考虑适当增加安全课程的学时，使学生在校就养成和树立安全生产的意识。

延伸阅读：

　　20世纪50年代，我们许多人都喜欢看《克雷洛夫寓言》，因为克雷洛夫这位19世纪初期的俄国作家，用了他自己认为是"半说半笑"的寓言形式，代替了"一本正经的说教"，证实了许多真理。在他的寓言中，有一篇寓言的题目是《猫和厨子》，描写了一个有知识的厨子跟猫说教的过程。这篇寓言的寓意颇多，我这里不打算进行过多解释，以免干扰大家更多的思维。下面让我们来共同欣赏下这篇寓言。

猫和厨子
——克雷洛夫

　　一天晚上，有一位读书识字的厨子，跑到附近转角上一家酒店里，他是个热心肠的好人，一心一意地上那儿去追悼亡友。他留下他的猫儿来看守大批食物，防备猖獗的老鼠偷东摸西。

　　可是他一回到家里，看见什么情况呢？地板上一片狼藉，都是吃剩的糕饼，猫儿蹲在一旁，躲在醋坛子附近，正在咪呜咪呜地把一只小鸡撕来吃哩。

　　"嘿，嘿！你这个馋嘴的东西！"厨子怒喝道。"你这个混蛋，就在这个屋子里，当着我这样诚实的人面，你竟吃起来了，你的良心上过得去吗？"

　　(猫儿始终忙着吃它的鸡。)

　　"你，你也这样？你这样难得的好猫，过去还拿你的良好行为当作全街的模范哩，你，你竟堕落到这样叫人痛心的地步！现在挨家挨户地都要说了：它是个骗子，是个贼！不光不要让它进厨房，而且一定不能让它进院子，就像不让贪得无厌的狼闯进羊群一样！它真该死，它是败类，它比瘟疫还要糟糕！"

　　(猫儿一边听着，一边儿得意地吃着鸡。)

　　厨子仍旧滔滔不绝地说话，仿佛他的责备永远没个完似的，可是当他还没有讲完，猫儿却已经把鸡吃完了。

　　碰到这样的厨子，我一定会对他说："在你的厨房的墙壁上写着：奉命绝对不说空话，因为猫儿是不应该用空话来管教的。"

谈符合避碰规则公约的审核问题

前些日子，我跟广州海事局陈毕伍局长通了电话。放下电话后，我写了这篇随笔。

国际海事组织（IMO）大会以 A.1085（28）号决议通过了《1972年国际海上避碰规则》2013年修正案，新增加了第六章"对符合本公约规定的验证"，将避碰规则全面纳入强制性审核机制当中。该修正案已于2016年1月1日生效。该强制性审核机制要求成员方政府通过对履约措施的强制审核来确保规则和公约得以全面和有效的履行。

这样避碰规则便由原来的38条增加到了41条。新增加的3条，对于审核机制的一套系统的、独立的和有文件记录的程序审核标准等做出了明确规定。强制审核机制要求成员方提供证据表明，在国内海事管理机构启动了积极行动措施，确保全面和有效地实施公约。

"海巡09"轮是目前国内最大的海上执法公务船。该船总长165米，型宽20.6米、型深9.5米，设计吃水6.606米，设计排水量1.07万吨，如图4-2所示。

为了加强海上交通管理，维护海上交通秩序，保障生命财产安全，2021年4月29日，第十三届全国人民代表大会常务委员会第二十八次会议审议修订的《中华人民共和国海上交通安全法》也充分体现了避碰规则第六章强制审核的要求。《中华人民共和国海上交通安全法》是我国海运领域的基础性法律，是规范海上交通秩序、保护人民生命财产安全、维护国家海洋权益的基本制度保障。

《中华人民共和国海上交通安全法》的修改是及时的、必要的。技术不断革新的船舶、现代化的船舶控制和通信导航、持续改进的与航线和港口相关的海上设施，以及新式的装卸技术等，都极大地提升了海运效率。然而到目前为止，海上事故并未呈现可喜的下降态势。几十年来，公众对交通环境的破坏性影响相当敏感。船舶事故，尤其是船舶灭失，几乎是公众口诛笔伐的焦点。安全成为品质的代名词，无论是对于普通的航运，还是对于具体的每艘船舶，都是如此。

图4-2　中国海事局海上巡航船（图片来源：陈毕伍局长）

最近几十年来，在安全性能上不断追求技术进步成了人们主要考虑的问题。通过过去30多年的海上事故分析可知，在海运实践中为了安全需求所付出的部分高额经济投入并未带来理想的回报，这就产生了一个理念：海上事故的主因并不在于船舶技术的缺陷，而是各种人为的失误。在这一背景下，国际海事组织并不急于加快提高安全标准，而是致力于全面落实现实通用的规定。避碰规则新增加的"强制性审核机制"三条的规定目的就在于此。

强制性审核机制要求成员方提供证据表明，其已在国家和地区采取了措施，确保全面和有效地实施公约。一方面，这一强制审核机制的实施对避碰规则提出了更高的要求；另一方面，就现行避碰规则本身而言，相当多的规定已经不适应当前海上安全航行的实际情况。

例如，在现行的避碰规则中，白天表明船舶种类的手段是号型。然而，由于号型的尺度相对当前船舶大型化显得太小，一艘300米长、六十几米高的大型集装箱船，号型只有0.6米高，就相当于一栋大楼上站着一只小麻雀，驾驶员需要很费劲地去辨认，要接近到来船约1海里时才能确认其是否悬挂号型。

现行的《1972年国际海上避碰规则》第三十五条第7款规定，锚泊中的船舶，在雾中应当船首敲钟、船尾敲锣各5秒钟作为雾号，间隔1分钟后再敲，持续不断，不论周围是否有船，如图4-3所示。这一要求是在现代雷达广泛应用之前规定的。在高性能雷达广泛应用的今天，用雷达如发现周围没有其他船舶，则不必鸣放这类雾号；发现来船后可适时鸣放号笛等更有效的雾号来提示来船。

(a)船首敲钟

(b)船尾敲锣

图4-3　船首敲钟、船尾敲锣

张铎教授跟我说，从毕业到任船长再到当教授的30年中，他就没有见过能见度不良时，锚泊船上敲钟敲锣，他的同学也没有见过，他调研的结果也是如此。

宋船长也告诉我说，AIS的有效使用会对避碰规则的修改与完善产生重大影响。AIS可以用直观的文字来显示来船的各种航行信息，无论能见度好坏，均能够在远距离上知晓来船的种类，解决了在船舶避碰中在远距离上识别来船种类的难题，且不受能见度情况的影响。因此，避碰规则中以能见度不良和互见情况来规定两类避让规则的做法已经显得苍白无力。

总而言之，当前的船舶的大型化、高速化、自动化、专业化以及通航环境变化等，导致现行的避碰规则无法更有效地满足海上避碰实践的需要。

IMO海上安全委员会已经准备启动因自主船的应用而对IMO公约进行修正。这是历史的机遇，我国的学者在国际海事立法中能够有更大的作为。

对于避碰规则，应当尽快积极推进全面进行启动修改，不是小修，而是大改，内容要与时俱进。我国作为A类理事国理应有所作为。

2021年12月10日，中国再次顺利当选A类理事国，这是我国自1989年起第17次连任。中国再次顺利当选A类理事国，彰显了我国在国际海运界的地位和影响力，体现了国际海运界希望中国在全球海运治理中发挥更加积极作用的认同和期待。

避碰规则的强制审核时代已到来。国家海事管理机构需要营造履约文化，坚持依法办事，形成履约执行规则的长效机制，根据职责及时、有效地履行公约所赋予的权利、责任、义务，确保《1972年国际海上避碰规则》第三十九条、第四十条和第四十一条有效实施，体现A类理事国的形象。

强制审核不是目的，而是手段。目的，是立足更好地实施避碰规则，使得海上航行更加安全。有的事情不是难以做到才失去信心，而是因为失去信心才难以做到。中国海事局海上巡航飞机如图4-4所示。

这让我联想起一个《为什么老黄牛没有绝种》的故事。

在整个历史上，许多物种都遭受过灭绝的威胁。当欧洲人第一次到达北美洲时，这个大陆上野牛的数量超过6000万头。但在19世纪期间猎杀野牛如此广泛，到1900年在政府开始保护动物之前，这种动物只剩400头左右了。在现在的一些非洲国家，偷猎者为取得象牙而捕杀大象，那么大象也面临着类似的困境。

图4-4　中国海事局海上巡航飞机（图片来源：陈毕伍局长）

但并不是所有具有商业价值的动物都面临着这种威胁。例如，黄牛是一种有价值的食物来源，但没有一个人担心黄牛将很快绝种。实际上，对牛肉的大量需求保证了这种动物会继续繁衍。

为什么象牙的商业价值威胁到大象，而牛肉的商业价值是黄牛的保护伞呢？原因是大象是共有资源，而黄牛是私人物品。大象自由自在地漫步而不属于任何人。每个偷猎者都有尽可能多地猎杀他们所能找到的大象的强烈激励。由于偷猎者人数众多，每个偷猎者很少有保存大象种群的激励。与此相比，黄牛生活在私人所有的牧场上。每个牧场主都尽极大的努力来保护自己牧场里的牛群，因为他能从这种努力中得到收益。（资料来源：曼昆著《经济学基础》，202页）

未来无人船需要什么样的国际海上避碰法规？

人工智能将引领航海的重大变革。无人船是建设海运强国战略的必然选择。

前些日子，我参加无人驾驶交通安全立法研讨会。主持人让我讲讲国际海上避碰规则如何适应未来无人船的发展。

无人船的发展是可以期待的。这得从一个秋天的早晨说起。地坛公园里的银杏树上已经有了浅黄色的叶片。我在公园里散步，遇到了同事，他问我："任老师，你认为未来新智慧航海是什么样子？"我说："未来不可预测。所以，估计这谁也说不清，但是正如一首歌所唱的那样——'明天会更好'。"虽然我们不知道未来，但历史会告诉我们。

无人船将重构全球航海格局。我们有理由相信，在第四次工业革命大背景下，科学技术突飞猛进，未来十年，人工智能领域多项关键技术会实现从量变到质变的发展，分别是自动驾驶的无人船、航海机器人、深度学习以及元宇宙已经超越移动互联网，将会给大航海发展带来勃勃生机。

据媒体报道，2022年1月17日，日本财团支持无人船项目，全长222.5米、宽25米、总吨位15515吨的"SOLEIL"号客滚船在无人驾驶状态下，以26节航速航行240千米，全程7个小时，成功抵达终点。这个新闻值得关注的是，无人船时代将要来到。无人船将会重构航运市场格局。

我国国家发展和改革委员会与商务部《关于深圳建设中国特色社会主义先行示范区放宽市场准入若干特别措施的意见》指出，深圳率先建设海陆空全空间无人系统管理平台，试点开通深圳与珠海等地无人机、无人船跨域货运运输航线。无人船是国家长远的战略性规划，谁控制了智慧无人船，谁就会在整个海运市场占有优势。

新型造船材料、新型船舶动力、大数据、人工智能、基于通信卫星网络、元宇宙以及云终端，通过终极算法与现代船舶工业深度有机融合，将使船舶发展迈上新台阶——高度智能的、脱碳型的自主化现代船舶，新型动力、新型材料、超导电磁的高智慧无人船舶等将展现在世人面前。未来的新智慧航海将是一个崭新的大领域、大范围。到那时，航海将是科技与艺术碰撞所产生美的科学。

智慧集装箱装卸的无人汽车、无人吊车，管理海事的专用无人飞机，无人驾驶的几十万吨级超级巨轮，靠机器人管理的无人码头……这样的场景是被科技与艺术支撑起来的新智慧航海，很像一个美丽的、很刺激的"游戏"世界。

未来，船舶管理人员职业最直观的变化将体现在工作地点和工作方式上。自古以来，船员是直接操控船舶的，而在智能智慧航海时代，船舶管理人员将主要面对各类有关的船舶数字化的远程数字操控平台。他们的工作就如同老板给你发工资，请你来玩操纵与管理船舶的电子游戏一样。一艘船就成了某个人的电子游戏，在办公室里操控万里以外的超大型船的安全航行，如图4-5所示。

还有另一种智能自动驾驶，就是航海机器人或者称为船舶机器人。他们将通过国家海事管理机构的适任证书考试认证。他们站在驾驶台上指挥船舶安全航行，轮机员机器人在机舱里管理主机等机舱的一切业务。

图4-5　未来开船师坐在办公室里指挥万里之外的几十万吨巨轮

船舶驾驶工程师驾驶几艘十几万吨的船舶，是坐在办公室里完成的。驾驶员不再称为大副、二副或大管轮等，他们将是新型的白领技术管理工程师，边喝着咖啡边开船。"船舶驾驶"不仅仅是职业，而是工作与娱乐有机结合的新型体验。 这种体验刺激性就太大了，任何人无法阻止它的发展。

为了迎接新智慧航海的到来，国际海事组织于2018年12月12日，在MSC 100/22报告里规定了MASS的分级。IMO按自动化程度将智能船舶划分为4个等级，即"具有自动化流程和自动化决策支持的船舶、有船员的远程控制船舶、没有船员的远程控制船舶，以及完全无人的自主航行船舶"。

无人船的新型航海的发展需要两大系统支撑，一个是技术系统，另一个是法律系统。这两大系统如同两个轮子，缺一不可。技术系统最主要的是必须有覆盖全球的通信网络系统，并且性能稳定可靠。

目前全世界还没有建立这样的通信系统。尽管马斯克实施了星链计划，在近地轨道布置1.2万颗卫星，组成覆盖全球的空天互联网，这样就不用大规模建造地面基站，即可实现在地球上随时随地无线上网通信，截至目前，星链计划已发射了1800颗卫星，但什么时间能够成功还是未知。所以，目前还没有覆盖全球的通信系统，只能在沿海实现无人船航行，很难实施无人船远洋航行。一旦覆盖全球的通信网络系统投入使用，无人船远洋航行的时代也就要开始了。但是，目前近海和内河的无人船没有更多的技术障碍。

另一个系统，就是有一个完整的无人船的法律系统，包括新的海上避碰规则。如果没有政府出台鼓励技术创新，没有制定旨在创新市场并推动其大规模应用的法律法规，那么智慧航海的无人船和航海机器人都只是空中楼阁。可喜的是，智能交通已经上升为国家战略，智能交通相关政策法规将会密集出台。中共中央、国务院出台了《交通强国建设纲要》，其意义重大，将会极大引导、推动我国智能交通更快地发展。

法律作用的关键是，出了海上交通事故，判定由谁来承担法律责任。是运营商还是制造商呢？我认为应当主要由制造商承担。为什么呢？这里我想起了一个故事。

第二次世界大战期间，美国空军降落伞的合格率为99.9%，这就意味着从概率上来说，每一千个跳伞的士兵中会有一个因为降落伞不合格而丧命。军方要求厂家必须让合格率达到100%才行。厂家负责人说他们竭尽全力了，99.9%已是极限，除非出现奇迹。军方于是就改变了检查制度，每次交货前从降落伞中随机挑出几个，让厂家负责人亲自跳伞检测试验。从此，奇迹出现了，降落伞的合格率达到了100%。

规则变了，结果是不一样的。我认为，出现了海上交通事故，其大部分责任应由制造商承担。

当然还需要细分，进一步说明如下：

现行的避碰规则无法适应无人船的航海，首先必须对现行的避碰规则做重大修改，例如，至少无人船不需要"互见"中和"能见度不良"的两套避让方法。完全自主航行船舶在运营中同样面临着各种安全风险，但智能船舶的运行主要由自主航行系统控制而非人，那么在运营事故发生时，事故责任该如何划定呢？现行的避碰规则中，用号灯和号型区分船舶的种类和状态。新型智慧航海船舶类型的区分基于什么样的传感器更有效呢？这些都是研究的新课题。

假设在远洋水面上两艘来自不同国籍的完全自主航行船舶发生碰撞并造成损失，那么，对于是否会归责于远程控制中心的监控工作人员，以及监控人员和船舶智能系统的责任比例如何确定，将对智能船舶时代船员的安全感和工作积极性带来重要影响。

智能船舶的运营主要存在导致运营事故和财产损失等问题，即船舶自主航行时发生相互碰撞、触礁、翻沉等导致事故损失，船舶自主航行系统或远程控制系统受到第三方恶意攻击而导致损失，以及船舶失火，传感器、通信和算法失灵等意外情形带来的损失，开船工程师的基本权利和义务等。这些问题的法律关系如何规定呢？国家立法机关应当首先制定出科学合理的法律和责任裁判规则。

人工智能无人船舶的出现，将极大地冲击国际法以及海上避碰规则。第一，以新型船长和船员为规制对象的规则体系面临革命性重构，当然船长可能是机器人，如图4-6所示；第二，船舶控制权主体法律地位及其法律关系发生变化；第三，调整海上航行风险治理模式以及国际合作路径，应逐步将人工智能无人船舶航行规则纳入法治轨道。其主要包括：一是明确人工智能无人船舶的法律属性；二是采取技术控制与法律控制相结合的综合治理体系；三是将岸基远程控制的开船工程师纳入法律责任规范。对于这些，国际海事组织应当协调世界海运大国尽早制定更加合理的国际公约。

图4-6　可爱的机器人船长

　　这很有趣，是吗？但是与即将到来的其他新科技事物相比，它是微不足道的。无论趋势如何发展，今天都没有现成的、特定的、可利用的知识和法律，因为这些知识和规则，随时可能会发生变化。然而，科技还在发展，航海还在发展，规则还在发展，航行也更安全。让我们一起面向未来！

高科技驱动与养育着现代航海

——新智慧航海的前奏曲，船舶航行更安全

根据《大不列颠百科全书》的解释，航海是人类在海上，安全和有效地从一陆地去到另一陆地的活动过程；是驾驶船舶在最佳航线上，避免碰撞，以经济航速和航向完成一定航程的科学；现代航海既是科学，也是艺术。我爱航海，如图4-7所示。

图4-7　我爱航海（图片来源：海大网）

前些日子，我在上海参加智能船研讨会，巧遇驾驶专业91级学生王海生，他在干散货船上任船长16年。他慢条斯理地跟我说："任老师，不怕您不爱听，学校教授给我们的那点航海知识早已过时，现在开船不同过去，驾驶船舶就是熟

练使用高科技智能仪器，是一种享受使用的过程。船长靠离码头，在几艘大型拖船的协助下，有高清晰、大屏幕的雷达等仪器显示着船舶各种数据，自己再恰如其分地运用良好船艺，操纵一艘30万吨散货船，一气呵成靠离好码头，真是一种工程艺术的享受。"他的话语让我陷入沉思。

我的体会是，航海确实是一门艺术，就像作画一样，首先是优美，其次是精确，第三是不可思议。操纵一艘大型船舶和范曾画一幅画有相同之处。它们都是创作，例如靠泊码头，但几乎每位船长的方式又是不同的。

海洋是放置在地球表面一个连续和巨大的咸水盆地。主要海洋及其边缘海区覆盖了近71%的地球表面。海洋广袤而神秘，一直是人类征服的对象，但又从未被征服，而且永远也不会被征服。人类也只能是开发利用它，那自然就离不开航海。今天，世界上95%的货物仍然通过海上运输，只有少数高价值的货物采用空运。

从19世纪末开始，随着科技的进步，现代航海有了长足的发展。近些年来，随着物联网、云计算、大数据以及人工智能等技术在航海上的应用，船舶科技含量产生了巨大进步。现代航海呈现出船舶的大型化、专业化、智能化、自动化等特点，使航海成为更加安全、高效和便宜的运输方式。海上运输的成本目前已经可以忽略不计，大约只有低于运输货物价值的不到2%。而在20世纪60年代，这一比例可以高达30%。

现代航海的状况是怎样的呢？

1. 船舶大型化，今非昔比

随着科技的发展，造船材料和造船工艺的精益求精，船舶越来越大。在20世纪50年代，1万载重吨的船就可称为"万吨巨轮"。2000年年底，世界上拥有20万载重吨的超大型油船（VLCC）数百艘，目前50万吨、60万吨的超大型油船在海洋上随时可见，一艘8万吨左右的油船只能称为灵便型。一艘40万吨的油船相当于6艘航母的大小，1升石油从中东运到国内运输成本也只有半美分。

不过，不论造船技术如何日新月异地发展，船舶通行航线的水深是受到限制的。例如，从波斯湾把原油运往国内的油船一旦超过30万吨，马六甲海峡就不易通过了。因此，超大型油船满载后必须绕道而行，这样就增加了运输成本。另一方面，一艘几十万吨的超级大船万一触礁的话，蒙受的经济损失也是巨大的。

干散货船争先恐后，也越造越大。2021年，中国矿运有限公司就新造了5艘40万吨干散货矿砂船"远穗海"轮。40万吨、50万吨、60万吨等的干散货船已经比较普遍。招商轮船新建造的全球第二艘30.8万吨超大型智能原油船，其甲板面积相当于4个半标准足球场大，如图4-8所示。

图4-8　超大型智能原油船

集装箱船舶的大型化突飞猛进，形势欣欣向荣，推动了经济全球化的进程。2018年8月20日，中远海运集装箱运输有限公司新建造的20000标准箱级集装箱船"中远海运天蝎座"轮投入运行。随着科技发展和造船材料的进步，集装箱船近年来也越来越大，6000标准箱、8000标准箱、10000标准箱、15000标准箱、20000标准箱……现已达到35000标准箱。对于50000标准箱的集装箱轮，航海人已经不觉得惊叹。这些都体现了跨越时空高科技与变迁的航海交通。"中远海运天蝎座"轮总长400米，型宽58.6米，装箱量为19273标准箱，航速为22.5节，把集装箱摆成一条线约为120千米长，如图4-9所示。

图4-9　"中远海运天蝎座"轮

2.船舶专业化，让人应接不暇

随着经济的发展和国际贸易的需求，运营商对船舶的需求更多样化。

过去的海洋运输船舶主要是客船、货船。近20年来，被称为"海上大通道"的油船、酷似大型航母的干散货船、堪称"海上运输巨无霸"的集装箱船、类似城市的豪华邮轮、装甲车式的滚装船、安全可靠的液化气船（LNG、LPG）、类似超大型核潜艇的半潜船、号称"海上清道夫"的大型挖泥船、"北极巨兽"破冰船、"海上科学家"海洋调查船、多用途超限运输船、打破经典航海方法的无动力船以及"白鲸天帆"风筝船等各式各样用途的新型船舶，就像雨后春笋般迅速发展，举不胜举，让人应接不暇。这些代表了高科技驱动和培育下的结果，让航海人欢欣鼓舞。这些为跨越时空高科技给航海增添了发展的新气象。"海洋绿洲"号邮轮有360米长、16层甲板、22万吨，活像一座"五脏俱全"的现代化城市，如图4-10所示。

图4-10　"海洋绿洲"号邮轮

3.船舶智能化，气象万千

进入第三次产业革命后，技术发明的商业化加快，现代控制理论及其自适应控制等技术理论进入船舶制造业。20世纪80年代，微型计算机在船上广泛应用，从船舶自动舵、船舶机舱设置集中控制室到出现无人值班机舱和驾驶台对主机遥控遥测，机舱自动化、智能化、无人机舱船成为"家常便饭"，如图4-11所示。

图4-11　具有辅助自动驾驶功能的40万吨的"明远"轮

机舱与驾驶台之间的配合做到了天衣无缝，船舶自动化、智能化使船舶定员大约减半，降低了营运成本。近10年来建造的新型船舶基本上都可被称为自动化船舶，自动化程度高的船舶已经被称为"高智能化船舶"。船舶自动化从机舱自动化走向了驾驶智能时代。

在大型散货船任轮机长15年的吕善明说："过去进入机舱到处是脏兮兮的油泥，现在进入机舱就是一个干干净净的现代化工厂，工作间如同地面上大型企业的办公室。机舱里还有了机器人的高效配合，真是井井有条。机舱的自动化程度高，轮机员值班就是下机舱，转一转、看一看而已，各种智能仪表和显示屏都指示着机器运转的详细数据，工作起来如同休闲散步。"

现代船舶驾驶台的各种自动化仪表，让人眼花缭乱，如图4-12所示。定位全天候，精度堪称"飞针走线"。经典的陆标定位、天文定位方法已成为特殊情况下的怀旧手段。当前已经进入高精度卫星导航定位新时代。卫星导航定位系统有中国的北斗卫星定位系统、美国的 GPS 全球卫星定位系统、俄罗斯的GLONASS 全球导航系统、欧盟的伽利略卫星导航定位系统等。船舶定位不再是第一位的了，已经成了驾驶员轻而易举就能完成的事，或者说成了驾驶员的"工作游戏"。

图4-12　现代船舶驾驶台

半潜船的龙船长问我："你知道半潜船的定位技术有多牛吗？在气导和卫星定位以及自带动力定位的指引下，采取下潜、上浮的方式来装卸不可分割的10万吨的大型物体时，可以精确到几毫米，如同海上'穿针绣花'，你说神奇不神奇。这都是高科技带来的成果。"

4.船舶避让智慧化，驾驶员长出"千里眼"

过去，船长就怕大雾、大雪、大暴雨等能见度不良的坏天气的到来，船舶驾驶员就如同高度近视甚至是盲人开船，悲剧时有酿成。而船用雷达最初用于海上避碰时，有时却因船员对雷达提供的信息处理和运用不当造成船舶碰撞。

后来，自动雷达标绘装置（APPA）和人工智能、模糊自适应理论控制以及人工智能等技术应用于避碰雷达应用，用大屏幕以图像方式自动显示相遇船舶运动矢量线、可能碰撞点等各种数据信息。把各种航行数据通过终极算法有机地集成融合，再展示在大屏幕上，就如同一个战争指挥室的沙盘，船长就是这里的指挥官。通过云计算还可以传输到公司总部。宋船长跟我说："当进入船舶密集的水域，避让船舶就如同在游戏里指挥一个兵团作战那样有趣。"大型船舶靠港是一项工程艺术，如图4-13所示。

图4-13　大型船舶靠港是一项工程艺术

数据和图像处理技术的发展，使得船舶自动识别系统（AIS）问世，AIS可连续与其他船舶交流船舶数据，如船名、船舶种类、船舶尺度、装载情况、航行状态和航行计划等，这大大减少了碰撞事故。高科技让驾驶员实现了从"近视眼"到"千里眼"的跨越和进步。航行清晰，方能行稳致远。

5.航海地图的数字化，地理信息一目了然

传统的纸质印刷海图已不能适应船舶自动化和航海智能化的发展要求，电子海图显示与信息系统（ECDIS）在近十几年研发成功并不断完善，如图4-14所示。ECDIS上具有海图显示、计划航线设计、航路监视、危险事件报警、航行记录、海图自动改正等多种功能。有人说，电子海图由纸质到电子是形式变化，这是对电子海图的内涵不够了解。这不是形式的变化，而是基于船舶位置、通信信息网络大数据、地理信息有机融合的交响乐大平台，是航海理念的变革，是航海技术领域的革命。

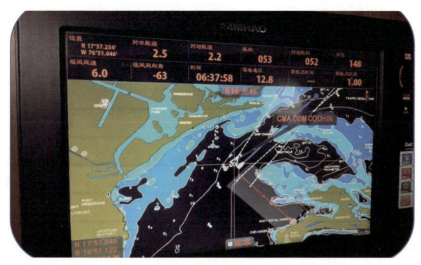

图4-14　可以提供多种航海信息的电子海图

6. 通信系统综合化，令船员生出"顺风耳"

当船员越来越少时，通信系统变得越来越重要。过去是靠电报进行通信，现在国际海事通信基于地球同步卫星，提供全球范围内的通信服务。船与船、船与岸台可以全方位、全天候即时沟通信息。一旦发生海上事故，岸上搜救当局及遇难船附近船舶便能够迅速地获得报警，以最小的时间延迟参与搜救行动。卫星网络通信在船上的使用实现了驾驶与通信合一，传统的船舶报务员已经被淘汰。

通信系统综合化实现了数据能够实时传递，后台"云端"准确调度。机舱与驾驶台之间、船舶与公司之间以及船舶与岸上有关机关的沟通简单可靠。高科技让船员长出了"顺风耳"，船舶运行的数据，由"云"时时传递到公司各部门。全球卫星通信在现代航海中发挥着极其重要的作用，体现了人类的智慧。

"雄关漫道真如铁，而今迈步从头越。"在我的眼中，世界是美好的。人类从原始的"刳木为舟"到今天的几十万吨级的现代化轮船，这些是高科技驱动的结果，是人类智慧的结晶。时代不停地向前飞奔，科技像一匹烈马，正在颠覆着经典航海理论及其技术，现代航海是新智慧航海的前奏曲。眺望前行的路，未来的新智慧航海是无限壮丽、无限美好、无比光明、无比雄伟的。船舶航行将更加安全。

参考文献

1.KLAAS VAN DOKKUM. The colregs guide. The Netherlands: Vlissingen, 2016.

2.G J SONNENBERG. Radar and electronic navigation. London: Butterworths, 1988.

3.MINISTRY OF DEFENCE. Admiralty manual of navigation. London: HER MAJESTY S STATIONERY OFFICE, 1987.

4.Admiralty Sailing Directions NP32B. London: United Kingdom Hydrographic Office, 2018.

5.吴兆麟. 船舶避碰与值班. 3 版. 大连：大连海事大学出版社，2008.

6.蔡存强. 海上避碰规则导论. 北京：人民交通出版社，1993.

7.韩启德. 医学的温度. 北京：商务印书馆，2021.

8.宫琦正胜. 从航海图到世界史：海上道路改变历史. 朱悦玮，译. 北京：中信出版集团，2019.